Backen mit der Neuen Trennkost

Mirjam Hirano-Curtet

BACKEN MIT DER
NEUEN TRENNKOST

OHNE EI – OHNE MILCH

Die Deutsche Bibliothek – CIP-Einheitsaufnahme

Hirano-Curtet Mirjam:
Backen mit der Neuen Trennkost ; ohne Ei – ohne Milch / Mirjam Hirano-Curtet.
(Fotos: Evelyn und Hans-Peter König).
Küttigen/Aarau : Midena ; Augsburg : Weltbild Verlag, 1995
ISBN 3-310-00199-7

Zur Autorin
Mirjam Hirano-Curtet, geboren 1952, aufgewachsen in Reims
(Frankreich) als französisch-schweizerische Doppelbürgerin,
verheiratet mit einem Japaner, Mutter eines schulpflichtigen
Sohnes. Dipl. Arzthelferin, Gesundheitsberaterin GGB (Bruker).
Gibt Kochkurse für Laien und Profis und berät individuell im
Bereich Ernährung. Ausbildung in makrobiotischer Ernährung,
Zusatzausbildungen in Fußreflexzonenmassage, Shiatsu-
Akupressur, Bachblüten-Therapie.

Alleinvertrieb Deutschland

WELTBILD VERLAG GmbH
Steinerne Furt 68–70, 86167 Augsburg

2. Auflage 1996
© 1995 MIDENA VERLAG GmbH, CH-5024 KÜTTIGEN/AARAU
Gestaltung Umschlag: Dora Hirter, Birrwil
Rezeptbilder: König & König, Zürich
Illustrationen: Dora Wespi, Luzern
Schmuckbilder: Ernst Fretz, Küttigen /
Atelier Lightning, Rudolf Hunziker, Kölliken /
Renata Macciò, Geigenmühle, Neerach /
einzelne theoretische Abschnitte mit den entsprechenden
Bildern sind in den Midena-Titeln ‹Die schnelle Neue Trennkost›
und ‹Die Neue Trennkost italienisch› entnommen)
Fotolithos: Litho 2000 AG, Basel
Satz: Kneuss Satz AG, Lenzburg
Herstellung: Druckerei Uhl, Radolfzell

ISBN 3-310-00199-7

Inhaltsverzeichnis

Wichtig: Da alle in diesem Buch enthaltenen Rezepte der Gruppe 1 (Komplexe Kohlehydrate) angehören, wurde auf die Zahlen bei den einzelnen Rezepten verzichtet.

INHALTSVERZEICHNIS

Verwendete Abkürzungen
EL   = gestrichener Eßlöffel
KL   = gestrichener Kaffeelöffel
TL   = gestrichener Teelöffel
ml   = Milliliter
dl   = Deziliter
Msp = Messerspitze
g   = Gramm

Vorwort

Die Ernährung gehört fundamental zu unserem Leben und ist weit mehr als nur Energieaufnahme. Sie ist aber auch ein riskantes Unternehmen, denn durch falsche Ernährung können wir uns zum Teil beträchtlichen Schaden zufügen, ja uns sogar umbringen. Bei vielen Erkrankungen, mit denen wir in der Praxis konfrontiert werden, ist die Ernährung mitverantwortlich.

Welches aber ist denn die richtige Ernährung? Eine Antwort darauf ist nicht leicht zu geben, ja ich würde sogar sagen, daß es sie gar nicht gibt, obwohl gewisse ‹Apostel› immer wieder das Gegenteil behaupten. Vergleicht man die verschiedenen Empfehlungen bezüglich gesunder Ernährung, kommt man zum Schluß, daß sehr wahr- scheinlich alle ein wenig recht haben.

Es gibt in der Ernährung wissenschaftli- che Erkenntnisse, die bestimmt ihre Richtigkeit haben. Andererseits gilt es zu bedenken, daß es unmöglich ist, alle Faktoren zu messen, die eine gesunde Ernährung ausmachen. Denken wir nur an die Art und Weise, wie man ißt, das Ambiente, die Grundhaltung zum Essen usw.

Mirjam Hirano-Curtet versteht es vor- züglich, alle diese Komponenten zu berücksichtigen und eine Philosophie des Essens zu präsentieren, ohne der großen Gefahr des Sektierertums zu erliegen. Selbst wenn man der Theorie der Neuen Trennkost nicht folgen mag, kann man diesem Buch viele gute Ideen entnehmen, in der Gewißheit, nebst dem Genuß auch etwas Gesun- des für seinen Körper getan zu haben.

Dr. med. Urs Rebmann
Arzt für allg. Medizin FMH

Herzlich willkommen

In einer Küche, die ausschließlich Frischprodukte verwendet und die die Regeln
der Neuen Trennkost befolgt, ist die
strikte Trennung von Ei, Milch und Milchprodukten, Fleisch und Fisch von jegli-
cher Art von Kohlehydraten relativ einfach.

Etwas komplizierter wird der Verzicht
auf Ei, Milch und gewisse Milchprodukte in manchen Fällen bei der Herstellung von Backwaren, vor allem bei
denjenigen, bei denen Volumen erwünscht ist. Mich faszinierte diese nicht
leichte Aufgabe von Beginn weg, obwohl mir beim Probebacken immer
wieder Zweifel kamen, ob sich wohl die
ganze Palette von Backwaren nach
dieser Theorie realisieren liesse. Nebst
dem Verzicht auf tierisches Eiweiß galt
es, mit der Hefe sparsam umzugehen,
Gelatine durch Agar-Agar zu ersetzen,
mit Dinkel anstelle von Weizen zu arbeiten und Süßstoffe wohldosiert einzu-
setzen. So manches Rezept mußte
immer wieder abgeändert und von
neuem ausprobiert werden, bis das
Backgut das Prädikat gut bis sehr gut
verdiente. Dabei spielten nicht nur Volumen, Teigbeschaffenheit, Schnittfestig-
keit usw. eine Rolle, sondern auch Be-
kömmlichkeit und, was schließlich am
meisten zählt: der kulinarische Genuß.

Ich freue mich, mit diesem Buch allen
Anhängern der Neuen Trennkost viele
neue Backideen zu liefern. Ich freue
mich aber auch, den Menschen helfen
zu können, die unter einer oder gar
mehreren Nahrungsmittelunverträglich-
keiten leiden, lassen sich doch mit diesen Rezepten eine ganze Reihe von
problematischen Stoffen ausklammern.

Backwaren ohne tierisches Eiweiß sind
bekömmlicher und gesünder als her-
kömmliches Gebäck. Zu bedenken gilt
es jedoch auch hier bei süßem Gebäck
– obwohl reich an Faserstoffen, Vitaminen und Mineralstoffen –, daß wir es
mit einem ‹Genußmittel› zu tun haben,
das uns das Leben nur ab und zu ‹ver-
süßen› sollte. Im Übermaß genossen,
kann auch gesundes süßes Gebäck zu
Karies führen und Stoffwechselstörungen (Übergewicht) begünstigen.

Backen soll eine vergnügliche Sache
sein. Lassen Sie sich also nicht entmutigen, wenn das Backresultat einmal im
ersten Anlauf Ihren Vorstellungen nicht
entspricht. Gerade beim Backen gilt:
Übung macht den Meister! Viel Spaß,
Freude und Genuß wünscht Ihnen

Mirjam Hirano-Curtet

Dieses Buch ist allen lieben Menschen,
ganz besonders aber den Kindern
gewidmet, die mein Gebäck mit nicht
nachlassender Lust kritisch degustiert
haben. Ihnen sei für ihre Unterstützung
ganz herzlich gedankt.

Die Neue Trennkost

Die Neue Trennkost ist der ideale Einstieg in eine ausgewogene, vollwertige, kohlehydratbetonte Ernährung. Das heißt: weniger tierisches Eiweiß, weniger industriell gefertigte Nahrung, mehr Frischkost, mehr komplexe Kohlehydrate, mehr pflanzliches Eiweiß.

Die Neue Trennkost trennt anfangs konsequent jegliches tierische Eiweiß – auch Eigelb, Vollfettkäse und Quark gehören dazu – von Kohlehydraten.

Die Neue Trennkost distanziert sich aus diesem Grunde von der Hayschen Trennkost. Dank strikter Trennung wird der Anteil an pflanzlichen Lebensmitteln erhöht, derjenige an tierischem Eiweiß und versteckten tierischen Fetten reduziert. Dies ist das Hauptziel dieser Ernährungsform. Die Folgen einer tiereiweißlastigen Ernährung sind vielfältig und reichen von Allergien, Asthma, Hautkrankheiten, Stoffwechselstörungen bis hin zu rheumatischen Beschwerden und geschwächter Immunabwehr. Die Neue Trennkost ist einesteils ein guter Schutz gegen ernährungsbedingte Zivilisations- und Stoffwechselkrankheiten, wie z. B. Übergewicht mit all seinen Folgen, anderseits ermöglicht sie bei strikter Befolgung eine Gewichtsreduktion und fördert den Heilungsprozeß. Die Neue Trennkost mindert das Hungergefühl, bewirkt einen geregelten Stuhlgang und beeinflußt die Körperfunktionen im positiven Sinne. Es handelt sich dabei nicht um eine Diät. Sie wählen und entscheiden, was und wieviel Sie essen möchten. Und es besteht kein Anlaß, sinnlos und mit schlechtem Gewissen zu schlemmen. Die Neue Trennkost bietet jedem die Möglichkeit zu einer aktiven, eigenverantwortlichen Gesundheitsvorsorge.

Auch wenn wir das angestrebte Gewicht erreicht haben und der Stoffwechsel wieder optimal funktioniert, sollten wir Eßverhalten und Eßgewohnheiten öfters überprüfen und für Korrekturen offen sein, immer unter Berücksichtigung des Leitsatzes: Die Ernährung soll vollwertig und so natürlich wie nur möglich sein! Und was ganz wichtig ist, die neuen Eßgewohnheiten sollten nicht nur vom Bauch, sondern auch vom Kopf gesteuert und mitgetragen werden.

Das Ziel der Neuen Trennkost ist eine vollwertige, kohlehydratbetonte Ernährung mit wenig tierischem Eiweiß und einem großen Anteil an pflanzlichem Eiweiß und Faserstoffen, sogenannten Ballaststoffen.

Selbst wenn wir später nicht mehr konsequent trennen, ist es empfehlenswert, zu Fleisch, Fisch, Geflügel usw. eine Beilage und ein Dessert ohne tierisches Eiweiß zu wählen, d.h. Rezepten ohne Eigelb, Käse, Milch und Quark den Vorzug zu geben. So bekommen wir mit einer Mahlzeit automatisch weniger tierisches Eiweiß, und das ist wichtig.

Die Ernährungsregeln auf einen Blick

– Essen Sie so natürlich wie möglich.
– Essen Sie abwechslungsreich.
– Essen Sie tierisches Eiweiß so wenig wie möglich.
– Essen Sie im allgemeinen so wenig wie möglich.
– Kauen Sie gut und genießen Sie die Mahlzeit.
– Essen Sie mehr Vollkornprodukte, mehr faserstoffhaltige Lebensmittel.
– Nehmen Sie weniger Fabrikzucker (auch in Getränken) und Süßigkeiten.
– Essen Sie nicht zu salzig. Nicht nur gesünder, sondern auch schmackhafter würzen läßt sich mit Kräutern und Gewürzen, Zitronensaft usw.
– Achten Sie auf die versteckten Fette (Käse, fettes Fleisch und fette Wurst, Backwaren usw.).
– Achten Sie auf Ihr Körpergewicht und das Wohlbefinden von Körper, Seele und Geist.

Die Umstellung – so beginnen wir

- Essen Sie vor jeder Mahlzeit etwas Frischkost.
- Ersetzen Sie nach und nach die Auszugsmehle (Weißmehl, Ruchmehl usw.) durch frisch gemahlenes Vollkornmehl.
- Verwenden Sie nach und nach Vollkornreis, Vollkornteigwaren und das ganze Getreide. Geben Sie z. B. einen Eßlöffel gekochtes Getreide in die Suppe oder einen Eßlöffel gequelltes oder gekeimtes Getreide in eines Ihrer Lieblingsmüsli (ohne Zuckerzusatz) aus dem Reformhaus.
- Reduzieren Sie allmählich die Menge von tierischem Eiweiß. Ersetzen Sie es durch pflanzliches Eiweiß. Essen Sie tierisches Eiweiß nur dann, wenn Sie ein echtes Bedürfnis danach verspüren. Die Menge soll klein sein, das tierische Eiweiß von bester Qualität.
- Schränken Sie den Konsum von Zucker, Kaffee, Schwarztee und Alkohol allmählich ein.
- Bei angestrebter Gewichtsreduktion auf ‹Zwischenmahlzeiten› verzichten, dafür richtig und regelmäßig (3 Mahlzeiten) essen.
- Planen Sie zu Beginn jeder Woche 1 bis 2 Trennkosttage oder ein Wochenende ein.
- Kurbeln Sie den Kreislauf täglich einmal kräftig an. Schwitzen ist gesund.
- Verschaffen Sie sich viel Bewegung an der frischen Luft (Laufen, Radfahren, Schwimmen usw.). Auch geistige Abwechslung ist wichtig.
- Informieren Sie sich durch Literatur, Vorträge und Kochkurse über eine gesunde Ernährung.
- Überwinden Sie Ihre Vorurteile und Ängste und übernehmen Sie die Verantwortung für Ihr Wohlbefinden und Ihre Gesundheit. Es wäre jedoch falsch, von heute auf morgen alle liebgewonnenen Eß- und Lebensgewohnheiten aufzugeben.
- Laden Sie Freunde ein zu einem Essen nach den Regeln der Neuen Trennkost. Lassen Sie sich jedoch nicht entmutigen, wenn sie nicht auf Anhieb Anklang findet.

Wenn wir nach diesen Grundsätzen leben und nur so wenig wie möglich zusätzliches tierisches Eiweiß zu uns nehmen, dann können wir allmählich (wenn gewünscht) auf die strenge Trennung von tierischem Eiweiß und Kohlehydraten verzichten. Auch mit dem neuen Bewußtsein ist es immer wieder wichtig, die Mitte zu suchen und zu halten und das Extreme nur selten zu leben.

Tierisches Eiweiß

Daß in den westlichen und asiatischen Industrieländern zu viel tierisches Eiweiß konsumiert wird, ist unbestritten. Es wäre aber falsch, dieses Nahrungsmittel allein für Übergewicht – jeder dritte Mensch in den westlichen Industrieländern ist übergewichtig – und die vielen Zivilisationskrankheiten verantwortlich zu machen. Ebenso negativ sind die raffinierten Kohlehydrate (Auszugsmehle und Fabrikzucker) und Fabrikfette, die arm an lebensnotwendigen Vitalstoffen sind.

Einem gesunden, vollwertig ernährten Menschen erwachsen keine gesundheitlichen Nachteile, wenn er ab und zu ein Stückchen Fleisch ißt. Er kann dies um so beruhigter tun, wenn er es mit einer großen Portion Salat, Rohkost und Gemüse kombiniert. Aus gesundheitlicher Sicht darf vor allem der Fisch empfohlen werden.

Es gibt weder ein generelles Verbot noch eine generelle Empfehlung für tierisches Eiweiß. Es muß aber ausdrücklich darauf hingewiesen werden, daß Genuß im Übermaß langfristig zu gesundheitlichen Störungen führt. Fleisch enthält zu viel ungünstiges Fett. Das Schweinefleisch z. B., eine der meistkonsumierten Fleischsorten, enthält auf 100 g Fleisch rund 23 g verstecktes Fett. Wir essen heute in den westlichen Industrieländern achtmal mehr Fleisch als vor hundert Jahren. Für viele ist ein Mittagessen ohne ein Stück Fleisch kaum mehr vorstellbar! Dieser überbordende Fleischkonsum ist nicht nur aus gesundheitlicher, sondern auch aus ökologischer Sicht nicht mehr länger zu verantworten. Wir vergiften unsere Böden (Intensiv-Nutzung) und werden ob dieser ‹Fleischorgien› selber krank (rheumatische Erkrankungen in all ihren Formen, Allergien, Erkältungskrankheiten, geschwächtes Immunsystem usw.). Eine Ernährung, die zu einer umweltschonenden Nahrungsmittelproduktion und -verarbeitung beiträgt, belohnt uns mit gesünderen, weil schadstoffärmeren Grundnahrungsmitteln.

Selbst wenn wir ganz auf tierisches Eiweiß verzichten, kommt es bei einer vollwertigen, vitalstoffreichen Ernährung zu keinerlei Mangelerscheinungen.

Als gute Eiweißlieferanten seien Getreide und Getreideprodukte (Vollkornbrot) erwähnt, die bis zu 12% Eiweiß enthalten. Ebenso gute Eiweißlieferanten sind die Frischkost, die Nüsse und Sprossen, die Keimlinge und nicht zuletzt die Hülsenfrüchte (davon ausgenommen sind Tofu, Seitan und Tempeh, die als konzentriertes Eiweiß die gleichen Nachteile wie tierisches Eiweiß haben). Bei Kombination mehrerer pflanzlicher Eiweißprodukte in einer Mahlzeit erhält man eine äußerst günstige Eiweißversorgung von hohem biologischem Wert.

Das Argument, man brauche für den täglichen Eiweißbedarf auch die tierischen Produkte, ist haltlos. Es bereitet keine Probleme, das tägliche ‹Soll› mit pflanzlichen Produkten zu erreichen.

Nebst Fleisch und Fisch sind selbstverständlich auch Eier und Milchprodukte (Ausnahmen sind Sahne/Rahm und Butter; sie gehören aufgrund des sehr kleinen Eiweißanteils nicht der Eiweißgruppe, sondern der neutralen Gruppe an) tierische Eiweißlieferanten. Auch hier empfiehlt sich eine Reduktion. Sie belasten unseren Organismus genauso wie Fleisch und Fisch. Zu bevorzugen sind naturbelassene Produkte, d.h. aus unpasteurisierter Milch (Rohmilch) hergestellter Käse und Quark, die noch reich an fettlöslichen Vitaminen sind. Kleine Mengen Milch, Käse, Quark und Eier sind empfehlenswert. Auch sie sollen aber das pflanzliche Eiweiß nicht ersetzen, sondern lediglich ergänzen.

Frischkost

Die Frischkost ist einer der wichtigsten Faserstoff- und Vitalstofflieferanten. Ihr Anteil an der täglichen Ernährung sollte mindestens $\frac{1}{3}$ betragen. Unter Frischkost versteht man Blattsalat, ungekochtes Gemüse und Obst von bester Qualität.

Die Frischkost darf bunt und abwechslungsreich sein. In Form eines Salattellers sollte man sie stets zu Beginn einer Mahlzeit essen. Sie regt den Appetit an, sorgt aber gleichzeitig bereits für eine gewisse Sättigung (sehr wichtig, wenn man eine Gewichtsreduktion anstrebt). Die gute Kauarbeit – dies ist bei Frischkost sehr wichtig – regt die Verdauungssäfte an. Die Frischkost ist also Wegbereiterin für das, was nachher folgt.

Frisches Gemüse und frische Früchte sind die besten Lieferanten von Vitalstoffen, z. B. von Vitaminen und Mineralstoffen. Je frischer, desto vitaminreicher. Salate knackig frisch auf den Tisch bringen. Bei Lagerung besonders empfindlich ist das Vitamin C. Sehr wichtig ist, daß wir dem saisonalen Angebot Rechnung tragen. Da wir im Winter größtenteils auf Lagergemüse und Lagerfrüchte angewiesen sind, empfiehlt es sich, Verluste durch Sprossen und Keime, Samenkerne und Nüsse wettzumachen. Sie sind reich an hochwertigem Eiweiß, Vitamin A, Vitaminen der B-Gruppe, Vitamin C und E, Mineralstoffen und Enzymen. Die Frischkost immer kurz vor dem Essen zubereiten. Erst zerkleinern, wenn das Gemüse/die Früchte gewaschen sind. Zartes Gemüse nicht schälen. Das Gemüse direkt in die Sauce hobeln und sofort mischen. So ist der Vitalstoffverlust (Vitamine, Mineralstoffe, Spurenelemente, Enzyme, ungesättigte Fettsäuren, Aromastoffe) am geringsten. Grüne Bohnen und Kartoffeln immer garen, keinesfalls roh essen.

Für die Zubereitung von Frischkost öfters Zitronensaft verwenden. Neueste Studien haben gezeigt, daß das Vitamin C die Eisenaufnahme aus bestimmten pflanzlichen Mahlzeiten beträchtlich erhöht.

Das volle Korn

‹Das Korn ist in seiner geschlossenen, harmonischen Ganzheit ein natürliches Gebilde, das vielleicht die vollkommenste Nahrung ist, welche die Natur uns bieten kann› (Prof. W. Kollath). Getreideprodukte, und dazu zählen wir den Weizen, den Dinkel, den Reis, die Gerste, den Hafer, die Hirse, den Roggen, den Mais, den Buchweizen sowie die Inkagetreide Amaranth und Quinoa, nehmen in einer gesunden Ernährung eine zentrale Rolle ein. Das volle Korn enthält viele Faserstoffe (Ballaststoffe), natürliches hochwertiges Eiweiß, natürlichen Zucker, ungesättigte Fettsäuren, Mineralstoffe und Vitamine (vor allem Vitamin B). Das Vollkorngetreide spielt bei der Eiweißversorgung eine zentrale Rolle, deckt es doch rund 20% des täglichen Bedarfs. Der Ernährungswert von Weißmehl und Ruchmehl, das weder Keim noch Randschichten enthält, ist praktisch Null.

Die volle Kraft des lebendigen Korns ist vor allem im ungekochten Getreidegericht enthalten. Dies erklärt auch, weshalb das tägliche Frischkornmüsli oder der Frischkornbrei unentbehrlich sind.

Ein Frischkornbrei oder -müsli zum Frühstück garantiert einen optimalen Start in den neuen Tag. Vitamin B, das im Getreide reichlich vorhanden ist, hat eine wichtige Funktion beim Aufbau der Zellen und bei der Erneuerung des Blutes. Es stärkt zusammen mit dem Magnesium die Muskeln, kräftigt den Darm und reguliert die Darmtätigkeit. Ein Vitamin-B1-Mangel kann Auslöser von Müdigkeit, Depressionen, Kopfschmerzen, Angstzuständen, Nervosität, Hautjucken usw. sein. Das Vitamin B1 wirkt erstaunlich rasch. Leistungskurve und Blutzuckerspiegel steigen und halten sich lange auf hohem Niveau. Empfindlichen empfiehlt sich, das ungezuckerte Getränk rund 30 Minuten vor dem Essen zu nehmen.

Zusammensetzung des Frischkorngerichtes: Verzichten Sie auf Fruchtsaft (Zitronensaft ist erlaubt), Kompott, Marmelade/Konfitüre, Sirup, Zucker in irgendeiner Form, Süßstoffe, Dörrfrüchte.

Menschen, die mit Darmproblemen (chronischen Entzündungen und schweren Verdauungsstörungen) auf Getreide reagieren, leiden möglicherweise an einer Glutenallergie, die auf das Klebereiweiß zurückzuführen ist. In diesem Falle sind eine glutenfreie Ernährung und die Konsultation eines Arztes zwingend. Glutenfrei sind Mais, Vollreis, Hirse und Buchweizen sowie die Inkagetreide Amaranth und Quinoa.

Das Idealgewicht

Wir alle kennen sie, die einseitigen Modediäten, die fast grippalen Charakter annehmen können. Einmal ist es die Banane, ein andermal die Zitrone, das konzentrierte tierische Eiweiß, die geheimnisvolle Mixtur aus der Flasche usw., an die wir uns klammern, in der Hoffnung, es dieses Mal nun endlich zu schaffen. Eines haben die ‹Roßkuren› gemeinsam: bei strikter Einhaltung verlieren wir rasch an Gewicht. Die Freude ist jedoch meistens nur von kurzer Dauer. Kehren wir nach ‹erfolgreicher Kur› zu den alten, uns lieb gewordenen Eßgewohnheiten zurück, sind die überflüssigen Pfunde rasch wieder zur Stelle. Woran mag es wohl liegen? An der ungünstigen, nährstoffarmen, einseitigen, raffinierten Ernährung.

Es gibt eine Vielzahl ernährungsbedingter Krankheiten, und dazu zählt auch das Übergewicht, eine Stoffwechsel-Krankheit. Übergewicht muß nicht als unabänderliches Schicksal hingenommen werden. Anstatt uns aber mit Wunderdiäten zu quälen, nehmen wir uns Zeit, unsere Eßgewohnheiten unter die Lupe zu nehmen ... und umzustellen. Nicht die Quantität der Nahrung ist entscheidend, sondern die Qualität. Auch eine kleine Mahlzeit kann dick machen, wenn sie ungünstig zusammengestellt ist. Umgekehrt kann man mit einer scheinbar großen Mahlzeit sehr wohl schlank werden und schlank bleiben, wenn sie in ihrer Zusammensetzung stimmt. Richtige Zusammensetzung: Viel Vitalstoffe und Faserstoffe, sogenannte Ballaststoffe (Gemüse, Salate, Gerichte aus vollem Korn usw.), wenig tierisches Eiweiß (Fleisch, Fisch, Eier, Käse usw.), naturbelassene Produkte.

Die vitalstoffreiche Vollwerternährung, mit der wir Sie in diesem Buch vertraut machen, erfüllt alle diese Kriterien. Sie werden erleben, daß Sie nicht nur Pfunde verlieren, sondern das angestrebte Gewicht auch mühelos halten können: ohne Kalorientabelle und Diätwaage. Zwar sind die Prinzipien einer vitalstoffreichen Ernährung einfach in die Praxis umzusetzen, dennoch ist eine langsame Umstellung von Vorteil. Es geht ja nicht nur um den Austausch von Nahrungsmitteln, der Organismus muß sich auch an die neue Kost gewöhnen können. Die Beziehung zur Ernährung wird sich im positiven Sinne ändern. Die Vollwertkost wird vom Körper langsam aufgenommen. Entsprechend lang ist auch die Sättigung. Heißhunger-Attacken, wie sie u. a. nach dem Genuß von raffinierten Zuckerwaren auftreten, gehören der Vergangenheit an. Setzen Sie sich beim Abnehmen nicht unter Zeitdruck. Ihre Gesundheit hat Priorität. Die vollwertige Ernährung schenkt Ihnen Vitalität und wird Sie anspornen, aktiv zu werden. Auch das ist wichtig, wenn wir das Idealgewicht anstreben. Lassen Sie sich nicht entmutigen, wenn der Zeiger auf der Waage nur langsam nach unten geht. Hält man sich an die Spielregeln, wird der Erfolg nicht ausbleiben. Was viele Menschen dank vollwertiger, tiereiweißarmer Ernährung erreicht haben, nämlich die bleibende Reduktion des Körpergewichtes bei bester Gesundheit, werden auch Sie schaffen. Die oft gestellte Frage, wieviel man essen dürfe, wenn man eine Gewichtsreduktion anstrebt, ist pauschal nicht zu beantworten. Körperbau, körperliche und sportliche Betätigung, Alter, Geschlecht, Verwertung der Nahrung usw. spielen eine Rolle. Wichtig ist, daß wir nur essen, wenn wir Hunger verspüren. Sobald sich unser Organismus an die neue Ernährungsform gewöhnt hat, wird man automatisch weniger essen, da bei vollwertiger, ballaststoffreicher Ernährung rascher eine Sättigung eintritt. Wichtig ist, daß wir uns auf drei Mahlzeiten pro Tag beschränken und auf Zwischenmahlzeiten verzichten. Wer eine rasche Gewichtsreduktion anstrebt, nehme am Abend nur Frischkost und Kräutertee. Je höher der Frischkostanteil, desto rascher die Gewichtsreduktion.

Bei einer vollwertigen Ernährung wird der Körper mit allen lebensnotwendigen Nahrungsinhaltsstoffen und Vitalstoffen versorgt. Es handelt sich um eine Ernährungsform, die in jeder Beziehung ‹ausbalanciert› ist. Entgegen der weitverbreiteten Regel darf die ‹lebendige› Fettzufuhr (hochwertige Öle, Butter, Sahne/Rahm) unter keinen Umständen eingeschränkt werden. Für Fettsüchtige ist die rigorose Einschränkung von naturbelassenen Fetten sogar im höchsten Grade gesundheitsgefährdend. Der ohnehin schon angeschlagene Stoffwechsel kann völlig entgleisen. Er wird sich bei vollwertiger vitalstoffreicher Ernährung von selbst langsam erholen und wieder in der Lage sein, das konsumierte Fett so umzusetzen, daß es nicht zu Fettpolstern kommt. Vertrauen Sie Ihrem Körper!

Spielregeln

Gruppe 1

Komplexe Kohlehydrate

- Vollkorngetreide
- Vollkornmehl
- Vollkornreis
- Vollkornteigwaren
- Vollkornbrot
- Vollkorn-Knäckebrot
- Vollkorn-Crackers
- Vollkorngebäck
- Kartoffeln
- Hülsenfrüchte
- Dörrobst
- Honig

Kombinationen
- kombinierbar mit Gruppe 4
- die Produkte der Gruppe 1 sind untereinander kombinierbar:
  Vollkornreis und Hülsenfrüchte
  Vollkornteigwaren und Kartoffeln
  Dörrobst und Vollkorngetreide
- kombinierbar mit Gruppe 2:
  Vollkornreis und Tofu
  Kartoffeln und Seitan/Tempeh
  Hirse und Sojamilch

Gruppe 2

Pflanzliches Eiweiß (Konzentrate)

- Sojamilch, Tofu
- Seitan, Tempeh

Kombinationen
- kombinierbar mit Gruppe 1
- kombinierbar mit Gruppe 4
- nur eine Sorte konzentriertes pflanzliches Eiweiß pro Mahlzeit, also z. B. Tofu oder Seitan

Höchstmengen beachten

Gruppe 3

Tierisches Eiweiß

- Geflügel
- Kaninchen
- Kalb- und Rindfleisch
- Lammfleisch, Wildfleisch
- Fisch
- Eier
- Vollmilch, Sauermilch
- Joghurt nature
- Quark, Käse

Kombinationen
- kombinierbar mit Gruppe 4

zusätzlich beachten:
- Sonnenblumenkerne, Sesamsamen usw. in kleinen Mengen
- Nüsse in kleinen Mengen
- Öl, Reform-Pflanzenfett und Reform-Margarine zum Kochen
- auf Butter, Sahne/Rahm, Crème double/Doppelrahm in größeren Mengen verzichten. Trennkostregel: Nur ein tierisches Nahrungsmittel pro Mahlzeit in größerer Menge
- nur eine Sorte tierisches Eiweiß pro Mahlzeit, also Fleisch oder Fisch oder Käse oder Eier.

Höchstmengen beachten

Gruppe 4

Neutrale Produkte

- alle Blattsalate
- alles rohe Gemüse
- alles gegarte Gemüse
- alle Sprossen und Keimlinge
- Ölsamen: Sesamsamen, Sonnenblumenkerne usw.
- Nüsse: Walnüsse/Baumnüsse, Haselnüsse, Cashewnüsse usw.
- alle Früchte (Ausnahme Dörrfrüchte)
- pflanzliches Öl zum Kochen
- alle kaltgepreßten Öle (für Frischkost)
- Reform-Margarine und Reform-Pflanzenfett
- Butter
- Sahne/Rahm
- Crème double/Doppelrahm
- Saure Sahne/Crème fraiche/Sauerrahm (35 – 40% Fettgehalt)

Kombinationen:
- kombinierbar mit Gruppe 1
- kombinierbar mit Gruppe 2
- kombinierbar mit Gruppe 3
  (Ausnahme: siehe zweitletzten Punkt Gruppe 3 (Butter, Sahne/Rahm usw.)

Höchstmengen: Gruppen 2 und 3

Höchstmengen tierisches Eiweiß (Gruppe 3) und konzentriertes pflanzliches Eiweiß (Gruppe 2) **pro Woche**

Tierisches Eiweiß

120 – 150 g Geflügel oder Kaninchen (Rohgewicht + 50 g für Knochen)

120 – 150 g Kalb-, Rind-, Lamm- oder Wildfleisch (Rohgewicht + 50 g für Knochen)

150 – 200 g Fisch/Meeresfrüchte (Rohgewicht + 50 g für Gräte/Haut)

1 – 2 Eier

300 ml/3 dl – 1400 ml/14 dl Vollmilch oder angesäuerte Milchprodukte*

120 g Vollfettkäse oder Vollmilchquark

Konzentriertes pflanzliches Eiweiß

120 g Tofu**

120 g Seitan oder Tempeh**

300 ml/3 dl Sojamilch

* Die Menge ist abhängig von Alter, Konstitution, Stoffwechsel, Schwangerschaft, Stillzeit und individuellen Bedürfnissen. 200 ml/2 dl Vollmilch entsprechen 180 g Joghurt nature oder angesäuerten Milchprodukten. Frische Molke ist ein Teilprodukt und darf ab und zu (wenn man Quark selber herstellt) als Frühstücksgetränk getrunken werden. Mandelmilch, Nußmilch und Hafermilch dürfen ohne Einschränkung konsumiert werden.

** Diese Produkte (gilt selbstverständlich nicht für die Ausgangsprodukte, also die Sojabohne und die Getreidekörner) haben in großen Mengen genossen die gleichen Nachteile wie tierisches Eiweiß.

Vollwertküche: Naturnah und gesund

Die Vollwertkost ist:

– bekömmlich und leicht verdaulich
– von hohem kulinarischem Wert
– abwechslungsreich
– leicht zuzubereiten
– für Menschen jeden Alters
– ökologisch sinnvoll
– sozial
– preiswert

Die Vollwertkost enthält alle lebensnotwendigen Nahrungsinhaltsstoffe:

– Eiweiß
– Fett
– Kohlehydrate
– Vitalstoffe (lebensnotwendige Stoffe)

Die Vollwertkost schenkt uns:

– Wohlbefinden
– Gesundheit
– Leistungsstärke physischer und psychischer Natur
– Abwehrkräfte (intaktes Immunsystem)

Die Vollwertkost hilft uns bei:

– Stoffwechselstörungen, z. B. bei angestrebter Gewichtsreduktion

Die Vollwertkost schützt vor:

– Gefäß-, Kreislauf- und Herzerkrankungen
– Leber-, Gallen-, Magen- und Darmerkrankungen, Verstopfung
– Gebißschäden
– Erkrankungen des Bewegungsapparates (Arthrose, Arthritis, Wirbelsäulenschäden)
– Stoffwechselkrankheiten, Übergewicht

Zu den pflanzlichen Lebensmitteln zählen:

– Getreide und Vollreis (Kohlehydrate)
– Gemüse (neutral)
– Blattsalate (neutral)
– Kartoffeln (Kohlehydrate)
– Hülsenfrüchte (Kohlehydrate)
– frische Früchte (neutral)
– getrocknete Früchte (Kohlehydrate)
– Nüsse und Samen (neutral)

Zu den tierischen Nahrungsmitteln zählen:

– Fleisch, Wild und Geflügel (tierisches Eiweiß)
– Fisch und Meeresfrüchte (tierisches Eiweiß)
– Milch und Milchprodukte inkl. Käse (tierisches Eiweiß)
– Sahne/Rahm, Crème double/Doppelrahm, saure Sahne/Sauerrahm mit einem Fettanteil von 35% (neutral)
– Eier (tierisches Eiweiß)

Vollwertkost heißt:

1. vorwiegend pflanzliche Lebensmittel
2. viel Frischkost
3. Vollkornprodukte
4. gute Öle und Fette: kaltgepreßte Öle, Reform-Margarine, Reform-Pflanzenfett, Nüsse, Ölsamen, Butter, Sahne/Rahm
5. natürliche Süßmittel (Früchte und Honig)

Die Ernährung sollte zu mindestens einem Drittel aus Frischkost bestehen.

Empfehlenswert sind:

1. Frischkornmüsli aus unerhitztem Vollgetreide
2. frisches Gemüse (roh), Blattsalat und Obst, möglichst vielseitig, davon $2/3$ Gemüse und $1/3$ Obst
3. Speisen aus erhitztem Vollgetreide (Dinkel, Weizen, Gerste, Roggen, Reis usw.)
4. Produkte aus dem vollen Korn (Grieß, Nudeln, Gebäck usw.)
5. Vollkornbrot
6. gegartes Gemüse und gegarte Kartoffeln
7. Hülsenfrüchte
8. kaltgepreßte Öle
9. Butter, Sahne/Rahm, Crème double/Doppelrahm, saure Sahne/Sauerrahm (mindestens 35% Fett), Reform-Margarine und Reform-Pflanzenfett mit einem möglichst hohen Anteil an kaltgepreßten Ölen)
10. Nüsse, Ölsamen
11. kaltgeschleuderter Honig (sparsam)

Weniger empfehlenswert:

– Produkte aus Auszugsmehlen (Weiß- und Ruchmehl usw.) und daraus hergestellte Produkte
– Fabrikzuckerarten sowie daraus hergestellte Produkte
– Fabrikfette (raffinierte Öle, raffinierte Margarine)
– Fruchtsäfte und gekochtes Obst bei Empfindlichkeit im Magen-Darm-Bereich

Das richtige Maß finden

– Lieber eine Möhre/Karotte und einen Apfel zwischendurch essen, als aus Zeitmangel auf die Frischkost (Salatteller) zu verzichten.
– Lieber gekauftes Vollkornbrot, wenn die Zeit zum Selberbacken nicht reicht, als ganz auf Vollkornbrot zu verzichten.
– Wenn die Butter zum Frühstück nicht rasch genug streichfähig ist, dann lieber Margarine aus dem Reformhaus als aus dem Supermarkt.
– Lieber tiefgefrorenes Gemüse als gar kein Gemüse.
– Lieber Hülsenfrüchte aus der Dose als gar keine Hülsenfrüchte.
– Lieber ein paar gekeimte Getreidekörner essen, als ganz auf rohes Getreide (Frischkornbrei) zu verzichten.
– Lieber Vollkorngebäck mit Vollrohrzucker (sparsam) als Gebäck aus Auszugsmehlen und Fabrikzucker.
– Zu Beginn lieber gesiebtes Vollkornmehl (frisch gemahlen) als gar kein Vollkornmehl.
– Lieber wenig geriebenen Käse zu den Vollkornteigwaren als gar keine Vollkornteigwaren.
– Lieber 100 g Fleisch als 5 Teller Getreide.
– Lieber ein wenig Fleisch essen, als ständig an Fleisch zu denken.
– Lieber kaltgepreßtes Öl im Supermarkt kaufen, als 10 km zum nächsten Reformhaus zu fahren.
– Lieber in kleinen Schritten beginnen und dafür dabei bleiben.
– Lieber bloß ein- bis zweimal wöchentlich auf tierisches Eiweiß verzichten, als sich und die ganze Familie zu vegetarischer Ernährung zu zwingen.
– Lieber einmal am Tisch ein Auge zudrücken, dafür glücklich und zufrieden sein. Keinesfalls beide Augen zudrücken!
– Das Wichtigste ist, daß Sie beginnen.

Das Abc der gesunden Ernährung

Abnehmen: Mit der Neuen Trennkost kann man Gewicht verlieren und Fett abbauen, ohne daß die Muskelsubstanz darunter leidet. Ein gutes Argument auch für Leistungssportler, sich so zu ernähren. Das mühsame Errechnen von Kalorien/Joule entfällt. Die Haut wird straffer und reiner. Der Körper scheidet überschüssiges Wasser aus.

Allergie: Überreaktion des Organismus auf bestimmte Stoffe. Typische Allergieauslöser sind z. B. Kuhmilch, Hühnereiweiß, Getreideeiweiß (Gluten), bestimmte Früchte wie Erdbeeren. Die beste Behandlung besteht im Verzicht auf die allergieauslösenden Stoffe. Der Spezialarzt kann die Unverträglichkeit durch einen Test feststellen.

Atmosphäre: Ein hübsch gedeckter Tisch, Blumen und Kerzen sorgen für die richtige Stimmung. Bei anregender Konversation ißt man langsamer und mit Genuß.

Berufstätige: Selbst Berufstätige, die mittags in der Kantine oder im Restaurant essen, können nach der Neuen Trennkost leben. Man denke daran: Nicht die Kalorien sind entscheidend, sondern die Art und die Qualität der Speisen und Lebensmittel.

Bioprodukte werden ohne Kunstdünger und Schädlingsbekämpfungsmittel gezogen. Ganz frei von Schadstoffen sind auch die Bioprodukte nicht, da Wasser und Luft genauso belastet sind wie viele Böden. Der Fremdstoffanteil ist aber in jedem Falle sehr niedrig. Saisongemüse aus Freilandkul-

turen hat die niedrigsten Nitratwerte. Treibhausgemüse sollte aus diesem Grunde gemieden werden. Das Biogemüse weist höhere Werte an Vitalstoffen wie z. B. Vitaminen und Mineralstoffen auf als Gemüse aus konventionellem Anbau. Deklarierung auf der Verpackung beachten.

Blähungen sind lästig, doch nicht ungesund. Langsam auf die neue Kost umsteigen und vor allem gut kauen und einspeicheln.

Cholesterin ist eine lebenswichtige Substanz, die der Körper selber produzieren kann. Mit der Nahrung nehmen wir Cholesterin ausschließlich durch den Verzehr von tierischem Eiweiß auf. Erhöhte Cholesterinwerte können verschiedene Ursachen haben. Im Vordergrund steht selbstverständlich das tierische Eiweiß, das in diesem Falle reduziert werden muß. Einzige Ausnahme: fettarmer Fisch.

Dämpfen, dünsten: Ideale Garmethode für Gemüse und Kartoffeln. Wenig Wasser (50 ml/0,5 dl) für den Dampfhaushalt in den Kochtopf geben. Das ‹Wasserbad› ist nicht zu empfehlen, sind doch Vitamine und Mineralstoffe teilweise wasserlöslich. Zudem leidet das Aroma. Gemüse immer bißfest kochen. Kochflüssigkeit nicht weggießen, sondern mitverwenden.

Darren: Rösten/trocknen von Samen und Getreidekörnern im Backofen bei niedriger Temperatur oder in einem trockenen Kochtopf auf der Herdplatte. So lange rösten, bis das Darrgut zu duften anfängt.

Diäten: Roßkuren sind selten von dauerhaftem Erfolg. Eine ärztlich verordnete Diät, z. B. bei Diabetes, ist selbstverständlich zu befolgen. Es gibt weder ein Wundermittel noch eine Spezialdiät, welche bei großem Übergewicht Pfunde auf Nimmerwiedersehen verschwinden läßt. Am wichtigsten ist, das Eß- und Ernährungsverhalten zu ändern.

Dickmacher: Sind Getreide, Kartoffeln, Vollkornbrot, Butter, Sahne/Rahm, kaltgepreßte Öle und Nüsse Dickmacher? Nein. Sie sind reich an wertvollen Inhaltsstoffen und für gutes Funktionieren unseres Organismus unerläßlich. Dickmacher sind denaturierte Produkte wie Weißmehl, weißer Reis, Fabrikzucker oder ein Zuviel an tierischem Eiweiß.

Einladung: Wenn Sie zu einem liebevoll zubereiteten Essen eingeladen sind, wird sich die Gastgeberin nicht freuen, wenn Sie Ihr Vollkornbrot auspacken und den ganzen Abend einen Vortrag über gesunde Ernährung halten. Solches Verhalten würde zwangsläufig in eine soziale Isolation führen, und das wollen wir vermeiden. Freuen Sie sich, essen Sie mit Dankbarkeit. Vergessen Sie nicht, daß Sie mit netten Menschen am Tisch sitzen und gemeinsam essen. Diese Gemeinsamkeit ist in diesem Moment wertvoller als das, was auf dem Teller liegt. Allein diese Rücksicht wird Ihnen helfen, alles gut zu verdauen. Auch eine Nachspeise mit Fabrikzucker zum Abschluß des Festessens dürfen Sie getrost genießen.

Eiweiß: Wichtiger Zellaufbaustoff. Eiweiß ist auch ein Energielieferant und hilft bei der Bildung von Abwehrstoffen gegen Infektionen. Ein hoher Eiweißkonsum (vor allem tierisches Eiweiß) ist aber nicht nur unnötig, er ist sogar mitverantwortlich für die Entstehung bestimmter ernährungsbedingter Zivilisationskrankheiten.

Eiweiß, pflanzliches und tierisches: Nicht im Übermaß essen. Was zählt, ist Ausgewogenheit. Neue Studien belegen, daß sich zwei pflanzliche Eiweißprodukte von eher durchschnittlichem Wert zu einem hochwertigen Eiweiß ergänzen können, vergleichbar mit dem Hühnereiweiß.
Vorkommen pflanzliches Eiweiß: Hülsenfrüchte, Nüsse, Ölsamen, Vollgetreide, Kartoffeln, in kleinen Mengen in Frischkost, Gemüse und Früchten. Eine gute Kombination sind Vollgetreide und Hülsenfrüchte, vergleichbar mit dem tierischen Eiweiß, das in Milch und Milchprodukten, Eiern, Fleisch, Fisch und Geflügel enthalten ist.

Eiweißmangel: Der Eiweißbedarf kann bei vollwertiger Ernährung problemlos mit rein pflanzlichen Lebensmitteln in guter Kombination gedeckt werden. Eiweißmangel ist in unseren Breitengraden fast ein Fremdwort.

Fabrikzucker: Leere Kalorien. Enthält konzentrierte Energie, welche dem Organismus in anderer Form zugeführt werden kann. Zucker ist ein Genußmittel, das weder Vital- noch Faserstoffe enthält. Raffinierter Zucker geht rasch ins Blut über: er wirkt schnell, wird rasch abgebaut und sättigt nicht. Genießen Sie ihn ab und zu ohne schlechtes Gewissen, aber nur in kleinen Mengen.

Fastfood: Bei Jugendlichen sind psychologische Momente wie Gruppengefühl, Abgrenzung gegenüber der Familie und traditionellen Mahlzeiten oft wichtiger als eine gesunde Ernährung. Diese Entwicklungsphase läßt sich leider fast nicht umgehen. Mit der Zeit müssen die Jugendlichen lernen, mitverantwortlich zu entscheiden, auch bezüglich Ernährung. Elterliche Geduld während der ‹Anpassungszeit› ist ratsam. Je entspannter die Atmosphäre ist, desto schneller findet der Jugendliche den richtigen Weg. Zu Hause oder als Zwischenmahlzeit Früchte, Frischkost, Vollkornbrot, ein gutes Frühstück anbieten, Mineralwasser anstelle von gesüßten Getränken. Süßes nur restriktiv konsumieren. Zu bevorzugen sind Fastfood-Betriebe mit Vollwert-Angebot.

Fett, gesättigt: Wenig hartes Fett von Rind, Wild und Lamm verzehren, dafür mehr Fisch und Geflügel, die weniger gesättigte Fette enthalten. Kokosfett, Palmöl und -fett, Schmelzkäse, harte Kochfette sind reich an gesättigten Fetten und deshalb weniger empfehlenswert.

Fettbedarf: Variiert je nach Tätigkeit, körperlicher Konstitution, Klima usw. Zu wenig Fett kann unter Umständen zu einem Mangel an essentiellen Fettsäuren führen. Lebloses Haar sowie rauhe, trockene Haut usw. können die Folge sein.

Fette: Energielieferanten und Träger der fettlöslichen Vitamine. Sie helfen dem Körper, Eiweiß und Kohlehydrate optimal zu verwerten. Es gibt pflanzliche und tierische Fette. Gesättigte Fette bleiben bei Zimmertemperatur fest. Diese sind eigentlich schon ‹satt›, sie gehen keine weiteren Verbindungen ein, es kommt zu keiner chemischen Reaktion. Man geht davon aus, daß die gesättigten Fette belastend sind für Kreislauf, Cholesterinspiegel, Stoffwechsel und Energiehaushalt.
Ungesättigte Fette sind noch lebendig, es sind aktive Fettsäuren. Sie verhalten sich bezüglich Blutfettspiegel neutral. Olivenöl ist ein ganz praktisches Beispiel. In Italien, der Heimat des Olivenöls, sind Herzkrankheiten viel seltener als bei uns. Ungesättigte Fettsäuren gehen im Körper mit Eiweißstoffen sinnvolle Verbindungen ein. Sie sind für einen guten Stoffwechsel mitverantwortlich. Mehrfach ungesättigte Fettsäuren sind bei Zimmertemperatur flüssig. Pflanzenöl, z. B. Sonnenblumen-, Mais- oder Sojaöl, soll den Blutfettspiegel senken. Empfehlenswert sind alle ungesättigten

und mehrfach ungesättigten Fettsäuren, enthalten in kaltgepreßten Ölen, Butter, Sahne/Rahm, Avocados, Nüssen und Samen.

Nicht die Butter oder die Sahne/der Rahm, welche die Sauce verfeinern, sind für einen zu hohen Fettkonsum verantwortlich. Gefahr lauert in Produkten mit versteckten Fetten wie Wurst, fettem Fleisch, Käse, Nachspeisen, Kleingebäck usw. Wir essen vor allem viel minderwertiges Fett.

Fettlösliche Vitamine: A, D, E und K. Wie ihr Name sagt, sind diese Vitamine nur in Fett löslich und können erst in dieser Form vom Körper verwertet werden.

Fettverzehr: Eine fettreiche Mahlzeit, z. B. eine Lasagne, sollte mit einer großen Schüssel Salat (Sauce mit kaltgepreßtem Öl) und mit gedämpftem Gemüse ausgeglichen werden. Zudem sollte das Frühstück fettarm sein, z. B. ein Frischkornbrei. Auf eine fettreiche Mahlzeit sollte keine fettreiche Nachspeise folgen, sondern Früchte.

Folsäure enthalten Hefeflocken, Weizenkeime, Spinat, Geflügel, Kabeljau, Eier. Ein Mangel kann zu Blutarmut führen.

Fritieren: Mit raffiniertem Maiskeimöl oder evtl. mit Bratbutter. Das Öl nach Gebrauch filtern. Öl/Butter höchstens 2- bis 3mal verwenden.

Früchte: Die Randschichten und die Schale z. B. des Apfels enthalten biologische Wirkstoffe, die der Leber beim Entgiften von Schadstoffen aus der Luft und aus dem Wasser helfen. Früchte immer gut waschen.

Gesunde Süßigkeiten gibt es nicht! Gewöhnen Sie sich schrittweise an weniger Süßes. Essen Sie mehr Vollkornprodukte, Gemüse und Früchte. Doch ab und zu genießen, das heißt ein sparsamer Umgang mit Süßigkeiten, schadet niemandem.

Gesundheitsapostel: Fanatiker mit hängenden Mundwinkeln, die kennt die Neue Trennkost nicht. Ihr Markenzeichen sind lächelnde, fröhliche, aufgestellte Menschen, die gerne etwas mehr Zeit aufwenden für die gesunde Ernährung und die bereit sind, auf den Erfolg etwas länger zu warten. Essen und Trinken hält Leib und Seele zusammen. Der neuen Ernährungsweise liegt diese alte Volksweisheit zugrunde.

Gesundheitsberater sollen weder Arzt noch Angehörige von Heil- und Pflegeberufen ersetzen. Sie können aber deren Arbeit ergänzen, weil sie in grundlegenden Fragen der Ernährung und auf anderen Gebieten, die unser Leben bestimmen, modern und zukunftsorientiert ausgebildet sind.

Getreide, frisch gemahlen: Alle Vitalstoffe befinden sich im Keim und in den Randschichten. Sie sind teils hochempfindlich gegen Wärme, Licht und Luft und werden rasch ranzig. Gemahlenes Vollgetreide ist nur sehr beschränkt lagerfähig. Lassen Sie sich das Getreide im Reformhaus frisch mahlen oder schaffen Sie sich eine Getreidemühle an. Für den Frischkornbrei genügt eine ungebrauchte Kaffeemühle. Immer nur so viel Körner mahlen, wie man gerade braucht.

Getreidemotten: In der warmen Jahreszeit kann das Getreide ‹lebendig› werden. Die Körner brauchen deshalb nicht weggeworfen zu werden. Auf einem Blech ausbreiten und an die Sonne stellen. Die Parasiten verziehen sich in kürzester Zeit.

Getreidemühle: Stahlkegel-Mahlwerk: Hergestellt aus gehärtetem Stahl. Kann problemlos und ohne Aufwand an die Küchenmaschine (gleiche Marke) angeschlossen werden. Neben Getreidekörnern können auch ölhaltige Samen und trockene Gewürze gemahlen werden. Keramik-Kegelmahlwerk: Hergestellt aus Bio-Keramik. Gleiche Verwendung wie Stahlkegel-Mahlwerk. Naturstein-/Kunststein-Mahlwerk: Spezial-Getreidemühlen und Haushalt-Getreidemühlen sind damit ausgerüstet. Echtes Naturstein-Mahlwerk: Hergestellt aus Granit (aus dem Fels geschlagen). Wird nur in Spezial-Getreidemühlen eingesetzt.

Eine eigene Getreidemühle ermöglicht, die Körner immer frisch zu mahlen. Für Einsteiger (Frischkornbrei) genügt zu Beginn eine kleine, ungebrauchte Kaffeemühle. Für Mehl in kleinen Mengen leistet eine handbetriebene Kaffeemühle gute Dienste. Bioläden und Reformhäuser bieten als Dienstleistung das Mahlen von Getreide an. Beim Kauf einer Getreidemühle sind Häufigkeit des Gebrauchs, Größe der Familie und Anschaffungskosten in die Evaluation einzubeziehen.

Gourmet: Gourmets nehmen den Mehraufwand in der Küche gerne in Kauf. Sie wissen, daß ein gutes Gericht mit Liebe und Phantasie zubereitet werden muß, und das erfordert etwas mehr Zeit. Die Neue Trennkost schränkt bei der Nahrungsmittelauswahl nicht ein, vielmehr sollen gewisse Produkte durch natürlichere ersetzt werden. Lassen Sie Ihrer Kreativität freien Lauf. Machen Sie die Neue Trennkost zu ‹Ihrem› Hobby.

Hausmannskost: Reich an tierischem Eiweiß und Fett. Wird von den meisten Menschen nicht mehr benötigt, da sie keiner schweren körperlichen Arbeit nachgehen.

Heißhunger verschwindet mit der Zeit ganz. Was ist der Grund? Die Wissenschaft hat festgestellt, daß bei Verzicht auf Fabrikzucker und dessen Ersatz durch Kohlehydrate in Form von Getreide- und Kartoffelstärke der Appetit stark nachläßt, d.h. man leidet nicht länger unter einem lästigen Heißhunger. Die natürlichen Produkte enthalten Faserstoffe, die länger sättigen und den Darm beschäftigen und aktivieren.

Jod: Wichtig für das gute Funktionieren der Schilddrüse. Enthalten in Meeresfisch und Algen.

Kakao wird von vielen Kindern und Erwachsenen morgens in die Milch gerührt. Er enthält viel Zucker, fast die Menge für eine ganze Woche. Die Lust auf Süßes wird uns in die Wiege gelegt, wir müssen mit dieser Lust umgehen lernen. Kakao ist ein Genußmittel und sollte nur ab und zu für Backwaren in kleinen Mengen verwendet werden.

Kinder: Die Eßgewohnheiten werden bereits in den ersten Lebensjahren anerzogen. Man achte auf eine ausgewogene, abwechslungsreiche, vollwertige Ernährung. Nicht zu viel Süßes, denn im Zucker stecken ausschließlich leere Kalorien. Zuk-

ker ist, neben vielen anderen Nachteilen, auch kariesfördernd. Dies trifft übrigens auch für unverdünnten Honig und Trockenfrüchte zu. Den Kindern öfters ein Stück Hartkäse oder ein Sauermilchprodukt oder Fisch anbieten, dafür weniger Fleisch und Wurst. Gesüßte Limonade und gesüßte Fruchtsaftgetränke können ebenfalls nicht empfohlen werden. Besser sind Wasser, Mineralwasser oder Früchtetee, nach Belieben mit wenig Honig gesüßt. Kinder ziehen häufig rohes Gemüse (zum Knabbern) gekochtem vor. Bei richtiger Ernährung kann das Kind hin und wieder eine kleine Süßigkeit verkraften. Bei häufigem Heißhunger oder großer Appetitlosigkeit sollte man den Kinderarzt konsultieren. Solange ein Kind gut ißt, schläft, spielt, gesund und voller Energie ist und gut gedeiht, darf man davon ausgehen, daß es die Nährstoffe bekommt, die es benötigt. Zu meiden sind Nahrungsmittel, die Konservierungsstoffe, Lebensmittelfarbstoffe und chemische Zusätze enthalten, sowie raffinierte Nahrungsmittel und solche mit versteckten Billigfetten.

Kohlehydrate liefern dem Organismus Energie. Sie ermöglichen, daß das Eiweiß dem Zellaufbau nutzbar gemacht werden kann. In den Früchten kommen die Kohlehydrate in Form von Zucker vor, im Getreide in Form von Stärke, in den Möhren/Karotten in Form von Zucker und Stärke usw. Vor allem pflanzliche Lebensmittel enthalten Kohlehydrate. Eine Ausnahme ist die Milch. Sie enthält Kohlehydrate in Form von Milchzucker. Komplexe Kohlehydrate enthalten Vital- und Faserstoffe in Form von unverdaulicher Zellulose. Diese Stoffe unterstützen den Stoffwechsel. Kohlehydrate ohne Vitalstoffe,

z. B. Weißmehl und Zucker, stören den Stoffwechsel. Überflüssige raffinierte Kohlehydrate werden in Fett umgewandelt und zeigen sich in den weniger gewollten Körperrundungen. Vollwertige Kohlehydrate wie Getreideprodukte und Kartoffeln galten früher als Dickmacher. Heute weiß man, daß sie länger sättigen und langsamer abgebaut werden. Sie stillen das Verlangen nach Zucker.

Kollath, Prof. Dr.: Vater der Vollwerternährung. Er vertritt die Meinung, daß im vollwertigen Nahrungsmittel – im Gegensatz zum denaturierten – wertvolle Wachstums- und Zellersatzstoffe enthalten sind, die biologisch, nicht aber chemisch nachweisbar sind. ‹Laßt unsere Nahrung so natürlich wie möglich›, dazu hat er immer aufgerufen. Roher Vollkornschrot (Frischkörnmüsli) ist z.B. gesünder als Brot, auch wenn es aus frisch gemahlenem Vollkornmehl hergestellt wird. Gesunde Lebensmittel sollen möglichst wenig verarbeitet und möglichst frisch sein.

Künstliche Süßstoffe: Solche Produkte verschieben die ‹Süßschwelle› nach oben. Eine Süßsucht wird damit buchstäblich anerzogen. Künstliche Süßstoffe können Blähungen verursachen. Die als gesundheitlich unbedenklich einzustufende Menge wird durch künstlich gesüßte Getränke vor allem bei Kindern schnell überschritten.

Kupfer: Notwendig für die Abwehr von Infektionen und Allergien. Wichtig für die Blutbildung. Enthalten in Bierhefe, Vollkornbrot, Haselnüssen, Cashewnüssen, Sonnenblumenkernen, Lamm- und Rindfleisch.

Lebensmittelbestrahlung: Gewisse Nährstoffe, insbesondere die Vitamine A, C, D, E, K und einige des B-Komplexes, werden zerstört.

Lecithin: Verwandt mit der Familie der Fette. In allen natürlichen Ölen und auch im Eigelb enthalten. Bei der Gewinnung von Öl durch Raffination geht das Lecithin verloren.

Magnesium: Aktiviert im Zellinnern 300 Enzyme. Es erweitert die Blutgefäße. Dadurch kommt es zu einer besseren Durchblutung. Es reguliert den Blutdruck und verhindert die Gefäßverkalkung (Arteriosklerose). Auch die Muskelbewegungen werden durch das Magnesium gesteuert. Enthalten in Spinat, Schwarzwurzeln, Broccoli, Obst, Getreide, Nüssen, Samen und Weizenkleie.

Mechanisches Essen entsteht meist in Situationen, wenn wir uns u.a. nach einem warmen Bad oder nach Ruhe sehnen. Beides verhindert unkontrolliertes Essen. Hilfreich sind auch schon vorbereitete rohe Gemüsestückchen, aromatisiert mit wenig Kräutermeersalz, kaltgepreßtem Öl und Kräutern. Einen heißen Tee mit Zitronensaft und Honig gilt es auch auszuprobieren.

Mise en place: Alle Zutaten, Gewürze und vorbereiteten Nahrungsmittel griffbereit haben. Erst dann mit dem Kochen beginnen. Das spart Zeit.

Nährstoffe: Substanzen, die in den Nahrungsmitteln enthalten sind. Sie sind für den Zellaufbau und den Unterhalt des Organismus notwendig. Zu den Baustoffen zählen das Eiweiß sowie gewisse Mineralsalze, zu den Schutzstoffen die Vitalstoffe, Vitamine, Spurenelemente und essentiellen Fettsäuren, zu den Energielieferanten die Kohlehydrate und Fett sowie auch Eiweiß, wenn es im Übermaß zugeführt wird. Auch Wasser und Sauerstoff zählen dazu. Sie transportieren die Nährstoffe in die Zellen und sorgen für die Ausscheidung von Abfallprodukten (Schlacken). Zudem regulieren sie die Körpertemperatur.

Nitrat: Wenn man sich saisongerecht ernährt (das essen, was augenblicklich geerntet wird, im Winter Lagergemüse), wird der Nitratgehalt im Gemüse nie ein Thema sein.

Öl: Sehr wichtig ist die Deklaration ‹kaltgepreßt› oder ‹unraffiniert› und ‹nicht konserviert›. Öl kühl lagern. Ranziges Öl entsorgen; sein Konsum kann zu einem Vitaminmangel führen. Für Frischkost und Dips nur kaltgepreßtes Öl verwenden. Mit den Ölsorten häufig abwechseln oder die Öle mischen. Zu bevorzugen sind Produkte mit einem hohen Anteil an mehrfach ungesättigten Fettsäuren.

Psyche: Eine vollwertige, kohlehydratbetonte Ernährung mit wenig tierischem Eiweiß garantiert einen normalen Blutzuckerspiegel. Er ist ein wichtiger Teil der Angstkontrolle. Man wird ausgeglichener und kann spontan aus der Tiefe seiner Gefühle reagieren. Eine gesunde Psyche hat einen großen Einfluß auf unser Wohlbefinden. Ein gut ernährter Körper mit einem optimalen Stoffwechsel und eine intakte Psyche schenken uns Lebensfreude und Vitalität.

Saisongerecht einkaufen: Wichtiger Beitrag zum Umweltschutz und Grundvoraussetzung für den Erhalt der kleinbäuerlichen Betriebe.

Säure: Denaturierte Produkte wie Weißmehl, weißer Reis und weiße Teigwaren, aber auch Zucker und Fleisch usw., produzieren beim Abbau Säure. Zum Neutralisieren braucht es Basen (Rohkost/Gemüse). Wenn diese fehlen, wird der Kalk in Knochen und Zähnen abgebaut und dem Körper als Base zur Verfügung gestellt. Auch rheumatische Beschwerden sowie Gicht, Gefäßerkrankungen, Arthrose werden als Folge einer Körperübersäuerung gewertet.

Säurebilder: Der Säure-Basen-Haushalt wird durch die Nieren zum größten Teil ausgeglichen. Bei gesunder Ernährung mit einem hohen Anteil an pflanzlicher Kost verfügt der Körper über einen Regelmechanismus.

Schlankheit: Vor allem Mädchen tun sich mit ihrer Figur schwer. Dieses Problem kann man mit einer natürlichen Ernährung lösen. Jede neue Ernährungsart muß, soll sie erfolgreich sein, dem Lebensstil angepaßt werden. So läuft man nicht Gefahr, daß man ständig mit Gewichtsproblemen zu kämpfen hat.

Schwangerschaft und Stillzeit: Wichtig ist eine ausgewogene, vollwertige Ernährung. Holen Sie Rat bei Ihrem Arzt. Essen Sie für zwei! Damit ist nicht die Quantität, sondern die Qualität gemeint. Je naturbelassener, desto besser. Der Bedarf an Folsäure verdoppelt sich in der Schwangerschaftszeit. Bierhefe, Weizenkeime, Weizenkleie, roher Fenchel und Rindfleisch enthalten viel Folsäure. Für die Kalziumvorsorge täglich ein Sauermilchprodukt konsumieren.

Senioren: Der Bedarf an Vitalstoffen ist im Alter unverändert, obwohl der Kalorienbedarf kleiner wird. Verzehren Sie genügend Faserstoffe, sogenannte Ballaststoffe. Wenn das Essen von Frischkost Mühe bereitet, Gemüse oder Früchte ganz fein reiben. Ihre Ernährung sollte sich zusammensetzen aus Vollkornprodukten, gedämpftem Gemüse, Früchten, gut gegarten Hülsenfrüchten (eventuell püriert als Suppe), Schalenkartoffeln, Butter, kaltgepreßten Ölen und wenig tierischem Eiweiß, vorzugsweise in Form von Fisch und Sauermilchprodukten. Tip: größere Mengen kochen und diese portionenweise gefrieren. Die richtige,

regelmäßige Ernährung schenkt Ihnen Vitalität und Wohlbefinden. Bewegen Sie sich viel in der freien Natur, denn die Sonne aktiviert in der Haut das Vitamin D.

Sportler/Fitneß: Die Ernährung hängt von der Sportart ab. Nicht zu große Mengen aufs Mal essen. Darauf achten, daß die Kost einen hohen Anteil an Vitalstoffen hat und ein Maximum an langsam resorbierbaren Kohlehydraten in Form von Getreide, Gemüse, Frischkost, Obst, Nüssen und Dörrobst. Wichtig ist genügend Flüssigkeit. Ungeeignet sind Getränke mit hohem Zuckergehalt und Vollmilchgetränke.

Stoffwechsel: Umwandlung der Nährstoffe in verwertbaren Stoff, notwendig für die Energiebeschaffung und den permanenten Aufbau neuer Zellen, die Bildung von Körpersäften, die Produktion von Hormonen und Botenstoffen, den Aufbau der körpereigenen Abwehrkräfte, die Ausscheidung von Stoffwechsel- und anderen Schlacken usw. Wenn der Stoffwechsel stimmt, fühlen wir uns gesund, fit, glücklich und wohl.

Stoffwechsel- und Zivilisationskrankheiten: Dazu zählen Übergewicht mit all seinen Folgen, Allergien, Asthma, Hautkrankheiten, Stoffwechselstörungen bis hin zu rheumatischen Beschwerden und der allgemein reduzierten Immunabwehr.

Süßmittel/Süßigkeiten: Auch Honig sollte nur in kleinen Mengen verzehrt werden. Wenn eine Nachspeise, dann diese bewußt und maßvoll konsumieren. Ab und zu darf man süßen Gelüsten nachgeben. Dies schadet nicht, wenn man sich gesund und ausgewogen ernährt.

Tiefgekühlte Lebensmittel: Man wird im Küchenalltag nicht ganz ohne sie auskommen, vor allem wenn man einen eigenen Garten hat. Tiefkühlprodukte sind kein Ersatz für frisch zubereitetes Gemüse. Frisches Gemüse aus biologischem Anbau ist bezüglich Aroma durch nichts zu übertreffen.

Tierisches Eiweiß: Essen wir regelmäßig, d.h. täglich Fleisch, Fisch, Eier, Käse usw., dann konsumieren wir zu viel tierisches Eiweiß. Es enthält außerdem viel verstecktes Fett und kaum Faserstoffe. Eine Ernährung mit viel Frischkost, Sprossen, Gemüse, Vollkornprodukten, Hülsenfrüchten, Nüssen, ab und zu Sojaprodukten und Seitan, in der gleichen Mahlzeit kombiniert, liefert genügend Eiweiß. Es ist empfehlenswert, den Konsum von tierischem Eiweiß zu reduzieren. Dieser Schritt ist zu Beginn für viele sicher schwierig, doch das Umdenken ist wichtig. Die tiereiweißarme Ernährung macht uns ausgeglichen, vital, konzentrationsstark und belastbar. Das Bewegungsbedürfnis nimmt zu, man hat wieder neue Kraft und Lebenslust. Es ist überhaupt nicht wichtig, ob man von Anfang an alles richtig macht. Was zählt, sind der Spaß und die Lust am Ausprobieren von etwas Neuem.

Trennen, wie lange? Es handelt sich nicht um eine schnelle Diät. Die Ernährung sollte über längere Zeit praktiziert werden, soll sie den gewünschten Erfolg haben. Erleichtert wird dies dadurch, daß es sich um eine vielseitige, gesunde Kost handelt. Vielleicht wird Ihnen nach einiger Zeit diese Ernährungsweise so in Fleisch und Blut übergehen, daß Sie Ihr gesamtes Leben umstellen und ernährungsbewußter leben als früher. Gesund wäre dies auf jeden Fall! Sie werden nur so viel Gewicht verlieren, als dies Ihrer persönlichen Konstitution entspricht.

Überernährung beginnt oft damit, daß viele Menschen nicht genug essen und vor allem nicht das Richtige essen. Man ißt, was das Herz begehrt, und vergißt dabei den Kopf. Viele Schnell- und Vielesser empfinden die Nahrungsaufnahme mehr als lästige Pflicht denn als Genuß.

Übergewicht: Neuere ernährungswissenschaftliche Studien belegen, daß im Falle von Überge-

wicht nicht die Nahrungsmenge verantwortlich ist, sondern die Nahrungsmittelwahl. Deshalb ist es absolut nutzlos und gefährlich, sich mit schnellen Diäten abzuquälen. Wir müssen also lernen, uns gesundheitsbewußter zu ernähren. Dann werden wir an Körpergewicht verlieren und an Gesundheit und Wohlbefinden gewinnen. Es wäre vermessen zu glauben, daß Übergewicht oder eine andere Stoffwechselkrankheit, die während Jahren oder Jahrzehnten gewuchert hat, in wenigen Wochen oder Monaten besiegt werden kann. Ein kleiner Trost: Mehr Wohlbefinden ist unter Umständen rascher zu erreichen.

Unverträglichkeit: Empfindliche Menschen sollten bei der Umstellung Fabrikzucker sowie alles gekochte Obst und Säfte aus Obst und Gemüse meiden. Diese Produkte können eine Unverträglichkeit von Vollkornbrot, Getreide und Frischkost auslösen. Faserstoffreiche Lebensmittel zu Beginn in kleinen Mengen essen.

Verstopfung bei Kindern und Erwachsenen: Die richtige Behandlung ist eine vollwertige und faserstoffreiche Kost. Oft hilft schon ein Frischkornbrei mit Kräutertee anstelle des gewohnten gesüßten Milchgetränks. Abhilfe schaffen auch eingelegte Pflaumen und Feigen, Mineralwasser, eingelegte Leinsamen (in kleinen Mengen), Dickmilch anstelle von Milch, Entspannung und Bewegung. Stopfende Nahrungsmittel sind Kakao, Schwarztee, Schokolade, Käse sowie tierisches Eiweiß in größeren Mengen. Es hilft wenig, zwanghaft auf seinen Stuhlgang zu warten. Stimmt die Kost, kann nichts passieren. Nichts ist stopfender als die Sorge um den Stuhlgang. Jede abführende Maßnahme, oral oder rektal, kann bei Kindern und Erwachsenen zur Gewöhnung führen. Vergessen wir ferner nicht, daß jeder Darm seinen eigenen Rhythmus hat.

Verwertbarkeit: Nicht die Menge der aufgenommenen Nahrung ist wichtig, sondern deren Verwertung. Eine positive, optimistische Einstellung sowie die Freude am Essen begünstigen die Assimilation der Nährstoffe.

Viel essen: Zu Beginn der Umstellung ist die Lust auf viel Nahrung eine ganz normale Erscheinung, da man wieder alles (z. B. Butter, Vollkornbrot, Sahne/Rahm, Nüsse, Öl) essen darf. Vielleicht müssen Sie diese Erfahrung eine gewiße Zeit lang machen, bis Ihr Bedürfnis gestillt ist – bis Sie auf Überflüssiges verzichten können.

Vitalstoffe: Wasserlösliche und fettlösliche Vitamine, Mineralstoffe und Spurenelemente, Enzyme, ungesättigte Fettsäuren, Aromastoffe, Faserstoffe (Ballaststoffe).

Vitamine sind für alle Lebensfunktionen und einen guten Stoffwechsel unentbehrlich. Einem Mangel können wir vorbeugen, indem wir uns möglichst ausgewogen und abwechslungsreich mit vollwertigen, naturbelassenen Lebensmitteln ernähren. Frischprodukte möglichst kurz und kühl lagern. Schonend garen.

Vitamin A für die Gesundheit von Haar, Haut, Augen, Nägeln und Schleimhäuten. Schutz vor Infektionen. Enthalten in Fischöl, Milch, Eigelb, Rindfleisch, Schaffleisch, grünem Blattgemüse, Möhren/Karotten, rotem Gemüsepaprika/Peperoni, Aprikosen, gelben Pfirsichen.

Vitamin B1 ist notwendig für den Abbau der Kohlehydrate. Stärkt die Nervenfunktion, aktiviert den Stoffwechsel, fördert die Zellatmung. Ein Mangel kann Auslöser sein von Müdigkeit, Depressionen, Kopfschmerzen, Angstzuständen, Nervosität, Hautjucken usw. Enthalten in Frischkornbrei, Bierhefe, Weizenkeimen, Hülsenfrüchten, Sojabohnen, Vollkornbrot und -produkten, Eigelb, Milch.

Vitamin B2 ist an vielen Stoffwechselvorgängen zur Energiegewinnung beteiligt. Notwendig für normales Wachstum, für normales Funktionieren des Nervensystems und des Verdauungsapparates. Enthalten in Eiern, Leber, Nieren und tierischen Produkten, Milchprodukten, Norialgen, grünem Blattgemüse, Champignons, Sojabohnen und -mehl, Mandeln, Pflaumen, frischen Datteln.

Vitamine der B-Gruppe unterstützen Stoffwechsel, Nervensystem, die Bildung der roten Blutkörperchen und viele andere lebenswichtige Funktionen. Enthalten in Bierhefe, Vollkorngetreide, Pilzen, tierischem Eiweiß, Reiskleie.

Vitamin B6: Wichtig während der Schwangerschaft. Hilft bei Eisenmangel, Streß und Übergewicht. Enthalten in Avocados, Walnüssen/Baumnüssen, Lachs, Sardinen, Hefe, grünem Gemüse.

Vitamin B12 hilft bei Eisenmangel, stärkt Gehirn, Kreislauf und Nervensystem. Hilft bei Übergewicht. Die Produktion von Vitamin B12 setzt eine gesunde Darmflora voraus. Außer in tierischen Produkten kommt es in fermentierten Sojaprodukten wie Miso, Tempeh, Natto, aber auch in Meeresalgen, Sauerkraut und Bierhefe vor.

Vitamin C schützt gegen Infektionen, beschleunigt jeden Heilungsprozeß und die Regeneration des Gewebes, ist für die Eisenaufnahme wichtig. Enthalten in Gemüsepaprika/Peperoni, Petersilie, Hagebutten, schwarzen Johannisbeeren, Zitrusfrüchten, Alfalfasprossen, Kohl/Kabis, Kartoffeln.

Vitamin D ist wichtig für die Kalziumaufnahme. Kalzium brauchen wir für starke, gesunde Knochen und Zähne. Vitamin D ist enthalten in Meeresfisch, Austern, Lebertran, Butter, Pilzen und Hefe. Die Sonne aktiviert in der Haut das Vitamin D.

Vitamin E ist nötig für die Elastizität des Gewebes, fördert die Vitalität, unterstützt jeden Heilungsprozeß, ist für die gesunde Funktion von Herz und Arterien wichtig. Gut bei Übergewicht. Enthalten in Weizenkeimöl, den meisten kaltgepreßten Ölen, Weizenkeimen, Haselnüssen, Mandeln.

Wein: Ein Glas guter Wein sei ab und zu bei festlicher Tafel erlaubt. Biologischem Wein den Vorzug geben. Der Wein, den wir zum Kochen brauchen, sollte von gleicher Qualität sein wie der Trinkwein.

Zeitdruck: Zeitmangel, Hektik, Sorgen und seelische Spannungen dominieren oft den Alltag in Beruf und Familie. Kinder reagieren auf strapazierte Eltern hyperaktiv. Zur Beruhigung des schlechten Gewissens und zum Trost überschütten wir die Kinder mit Süßigkeiten. Ein rhythmischer Lebenswandel, der uns Zeit zum Essen, Schlafen und ganz einfach zum Leben gibt, ist enorm wichtig. Anstatt Stunden vor dem Fernseher zu verbringen, nehmen wir uns Zeit, miteinander zu sprechen, zu spielen, uns in der freien Natur zu bewegen. Echte Andachtsmomente sind auch beruhigende Momente, wenn man unter Zeitdruck ist. Ansonsten wird unser Gefühlsleben abgestumpft und inhaltslos. Engagieren wir uns für unser Leben, denn nur dann können wir konzentriert und ganz bei einer Sache sein. Als begleitende Behandlung bieten sich Homöopathie, Bachblüten, Akupunktur, alternative Medizin, Meditation, Yoga und Stille an. Diese Behandlungen brauchen jedoch viel mehr Zeit. Nehmen wir uns also Zeit für unser Wohlbefinden. Ein neues Bewußtsein wird sich einstellen.

Zöliakie: Gewisse Eiweißbestandteile in Roggen, Gerste, Hafer und besonders in Weizen, Weizenkleber (Gluten) genannt, können bei Unverträglichkeit zu dieser Krankheit führen. Von tausend Menschen ist ein Mensch betroffen.

Zubereitungsmethode (Gemüse): Möglichst schonend verarbeiten. Schnell und gründlich waschen. Gemüse nicht zerkleinert stehen lassen. Nicht unnötig wässern. Nicht mehr zerkleinern als absolut notwendig. Garzeiten möglichst kurz halten. Bei geschlossenem Topf garen. Kochflüssigkeit weiterverwenden (im Kühlschrank 1 bis 2 Tage haltbar). Gegarte Speisen eventuell mit wenig geraspeltem rohem Gemüse, Sprossen und Kräutern anreichern.

Zusatzstoffe können Pseudoallergien auslösen. Einige können Unruhe und übermäßiges Bewegungsbedürfnis bei Kindern fördern. Lesen Sie die kleingedruckte Inhaltsliste genau durch. Naturbelassenen Lebensmitteln den Vorzug geben.

Zwischenmahlzeit: Wer abnehmen will, sollte auf Zwischenmahlzeiten verzichten. Stattdessen viel Flüssigkeit in Form von Wasser und Kräutertee trinken. Normalgewichtige können mehrere kleine Eßportionen auf den Tag verteilen. Vor allem für Kinder und ältere Menschen ist dies wichtig.

Diese Informationen erheben keinen Anspruch auf Vollständigkeit.

Produkte-Abc

Agar-Agar (Pulver): Rein pflanzliches Produkt, aus Meeresalgen gewonnen. Äußerst geschmacksneutrales Bindemittel/Geliermittel. Agar-Agar-Pulver unbedingt aufs Gramm genau abwägen. Wenn die Küchenwaage zu wenig genau ist, Briefwaage nehmen. Wichtig: Das Pulver immer mit Wasser/Mineralwasser anrühren. Keinesfalls Sahne/Rahm verwenden, da dadurch die Bindekraft verloren geht. Backen mit Agar-Agar: Siehe auch Kuzu. In den Rezepten wird ausschließlich Pulver verwendet. Bei Flocken verändert sich die Menge.

Akazienhonig: Wird in Akazienwäldern Ungarns und Rumäniens gewonnen. Hoher Fruchtzuckergehalt. Flüssiger Blütenhonig. Dank mildem, relativ neutralem Geschmack besonders gut geeignet für feine Backwaren.

Alkohol: Beim Backen verfliegt der Alkohol. Zurück bleibt der Geschmack.

Amaranth: Scheingetreide. Ergänzt sich ideal mit Mais, Reis und Weizen. Reich an hochwertigen Fettsäuren, Linol- und Linolensäuren, Eisen, Kalzium, Vitamin A und C. Praktisch glutenfrei.

Anis: Siehe Sternanis.

Backpulver: Siehe Weinsteinbackpulver. Nur phosphatfreies Backpulver verwenden.

Baumnüsse: Siehe Walnüsse.

Biobin/Nesvital: Vegetabiles Bindemittel aus Guarkernmehl und Johannisbrotkernmehl, ohne Gluten. Geschmacksneutral. Im Reformhaus erhältlich.

Bittermandeln: Frucht des Bittermandelbaumes. Die Früchte enthalten den giftigen Inhaltsstoff Amygdalin. Bittermandeln nur in sehr kleinen Mengen verwenden, dann sind sie aus gesundheitlicher Sicht unbedenklich. Die Früchte werden zum Aromatisieren von Backwaren verwendet.

Brot, selber backen: Gekauftes Brot enthält Zusatzstoffe, Emulgatoren, Genußsäuren, Konservierungsmittel, Phosphate usw. usw. Deshalb das Brot einmal wöchentlich am besten selber backen. Einzige Alternative: die Biobäckerei.

Buchweizen: Knöterichgewächs. Guter Eiweißlieferant. Reich an Lysin, einer essentiellen Aminosäure. Praktisch glutenfrei. Rutin, eine Vorstufe von Vitamin C, kann bei empfindlichen Menschen zu Allergien führen. Nicht alle mögen den Buchweizengeschmack.

Butter: Hochwertiges Naturprodukt. Gibt Backwaren einen feinen, aromatischen Geschmack.

Butterschmalz/Bratbutter: Entsteht durch Erhitzen von Butter, wobei das Wasser verdunstet und das geronnene Eiweiß entfernt wird. Butterschmalz ist nahezu hundertprozentiges Fett.

Carob/Johannisbrot: Frucht des Johannisbrotbaums. In Pulverform und in Tafeln erhältlich. Süße, fett- und kalorienarme Alternative zu Kakao und Schokolade. Carob ist eiweiß-, vitamin- und mineralstoffreich und frei von stimulierenden Wirkstoffen wie Theobromin und Coffein.

Crème double/Doppelrahm: Sahne/Rahm mit einem Mindestfettgehalt von 45%.

Crème fraîche: Dickflüssige saure Sahne. Fettgehalt bis 40%.

Dinkel: Alte Kulturform des Weizens. Hoher Anteil an Klebereiweiß. Bevorzugtes Getreide im biologischen Anbau. Dinkel ist teurer als Weizen, da der Ertrag wesentlich kleiner ist. Dinkel besitzt bessere Backeigenschaften als Weizen. Empfohlen ist Dinkel u. a. bei Weizenallergie. ‹Dinkel, das beste Getreidekorn, wirkt wärmend und fettend und hochwertig und gelinder als alle anderen Körner› (Zitat Hildegard von Bingen, Klosterfrau des Hochmittelalters, 1098–1179).

Doppelrahm: Siehe Crème double.

Dörrfrüchte: Siehe Trockenfrüchte.

Fruchtschalen, kandiert: Kandierte, oft zusätzlich noch glasierte Fruchtschalen von Orangen und Zitronen. Meistens in kleinen Würfeln oder auch als größere Schalenstücke erhältlich. Zum Aromatisieren von Backwaren. Im Reformhaus kaufen.

Fruchtschalen, kandiert (selbstgemacht): Unbehandelte Zitronen- und Orangenschalen in flüssigem Honig konservieren. In einem Glas mit Schraubverschluß aufbewahren.

Fritieren: Mit Maiskeimöl oder mit Butterschmalz/Bratbutter. Das Öl nach Gebrauch filtrieren. Öl/Butter höchstens 2- bis 3mal verwenden.

Getreide, biologisch: Nur Körner aus biologischem Anbau verwenden. Beim Getreide aus konventionellem Anbau befinden sich unter der Fruchtschale des Korns häufig Spritzmittelrückstände.

Gewürznelken: Getrocknete, feurig scharfe Blütenknospen des Nelkenbaumes. Zum Backen wird das Pulver verwendet. Vorsichtig dosieren.

Gomasio: Mischung aus gerösteten, feingemahlenen Sesamkörnern und Meersalz. Im Reformhaus erhältlich.

Hafer: Enthält viel Vitamin H (Biotin), aber auch Kalzium, Eisen, Vitamin B1 und E. Gut bei Haut- und Schleimhautentzündungen. Gehört zu den besten Faserstofflieferanten. Eiweiß- und fettreiches Getreide. Das Fett enthält überdurchschnittliche Mengen essentieller Linolsäure. Hafer steigert die körperliche Leistungskraft.

Haltbarkeit: Die meisten Kuchen lassen sich in Folie eingewickelt im Gemüsefach des Kühlschranks 2 bis 3 Tage aufbewahren. Trockenes Gebäck in gut schließendem Behälter bei Zimmertemperatur lagern. Alles andere Gebäck, vor allem aber das Hefegebäck, schmeckt frisch am besten. Christstollen benötigen vor dem Verzehr 2 bis 3 Wochen Lagerzeit (in Alufolie einwickeln). Kleingebäck/Kekse behalten ihre Mürbheit und werden vor dem Austrocknen geschützt, wenn man in die Vorratsdose ein Stück Apfel oder Orangenschale auf Alufolie legt. Alle zwei Tage erneuern, damit sich kein Schimmel ansetzen kann.

Haselnüsse: Enthalten viel Eiweiß, Kalzium, Kalium, Vitamin B1, B2 und E.

Hefe: Pflanzliche Mikroorganismen aus der Familie der Pilze. Die Hefe bevorzugt Temperaturen von 20 bis 30 Grad und hohe Feuchtigkeit. Für Backwaren werden speziell gezüchtete Kultur-Hefen verwendet, die eine schnelle Kohlensäureentwicklung garantieren. Zuviel Hefebackwaren können den Darm belasten. Bei gestörter Darmflora sollten Hefe- und Sauerteiggebäck gemieden werden. Eine gute Alternative ist das Backfermentbrot.

Hirschhornsalz: Treibsalz, gewonnen aus schwefelsaurem Ammoniak und Kreide oder aus Salmiak und Kreide. Bei 60 Grad zerfällt diese Verbindung vollständig und setzt die beiden Gase Ammoniak und Kohlensäure frei, die das Gebäck lockern. Nur bei flachen Backwaren (z.B. Lebkuchen) kann Treibsalz rückstandsfrei ausgebacken werden.

Hirse: Macht das Gebäck knusprig. Eiweiß- und eisenreichstes Getreide. Fluor wirkt sich positiv auf die Gesundheit der Zähne aus. Der hohe Gehalt an Silizium (Kieselsäure) ist wichtig für Haut, Haare und Nägel.

Honig: Naturprodukt. Enthält neben Trauben- und Fruchtzucker wertvolle Inhaltsstoffe wie Enzyme, Aromastoffe, Säuren, Hormone, Vitamine, Mineralstoffe und Spurenelemente. Leider gehen durch Erhitzung viele dieser wertvollen Inhaltsstoffe verloren. Wird Honig wie Zucker konsumiert, fördert auch er Karies.

Honigsorten im Gebäck: Eher milde Sorten wie Blütenhonig oder Akazienhonig verwenden. Waldhonig mit intensivem Geschmack eignet sich vor allem für Lebkuchen usw. Fester Honig wird durch leichtes Erwärmen wieder flüssig.

Honig abmessen: Honig direkt in die in leerem Zustand gewogene Schüssel geben. So hat man keinen Materialverlust.

Ingwer: Wurzel der Ingwerpflanze. In Form der frischen Wurzel, in getrockneten Scheiben und als Pulver im Handel. Würzig-scharf, prickelnd. Die frische Wurzel kann man in einem Blumentopf mit Erde bedeckt aufbewahren. Nur mäßig feucht halten.

Johannisbrot: Siehe Carob.

Kakao: Nur beste Qualität verwenden (Reformhaus).

Kardamom: Frucht einer Ingwerpflanze. Im Handel sind schwarze, weiße und grüne Kapseln sowie Pulver. Aromatischer, feurig-würziger Geschmack.

Kleie: Fällt beim Sieben von Vollkornmehl an. Eignet sich für Suppen, Müsli, Brei usw.

Kokosraspeln: Geraspeltes, getrocknetes Fruchtfleisch der Kokosnuß. Luftdicht verschlossen und kühl aufbewahren oder tiefgefrieren.

Küchengeräte/Backutensilien

- Nützlich und zeitsparend, keinesfalls aber zwingend ist ein elektrisches **Handrührgerät** oder eine **Universal-Küchenmaschine** zum Rühren von Butter-Honig-Mischungen oder zum Kneten von Hefeteig.
- **Glatte Teigkelle oder Lochkelle** und **Schneebesen** zum Rühren und Mischen
- **Mehlsieb** zum Aussieben der Kleie; **kleines Sieb** zum Sieben des Marantamehls
- **Springform** (Tortenform mit abnehmbarem Rand)
- **Kastenform/Cakeform** (praktisch ist eine ausziehbare Form)
- **Gummischaber** zum Entfernen der Teigreste aus der Schüssel oder zum Glattstreichen des Teiges
- **diverse Backpinsel** zum Einfetten der Backformen, zum Einpinseln der Backwaren, zum Glasieren usw.
- **Kuchengitter** (Drahtuntersatz) zum Auskühlen der Backwaren
- **Spritzsack** mit gezackten und glatten Tüllen
- **Spachtel** zum Lösen des Gebäcks von Rand und Boden sowie zum Verteilen einer Glasur oder Creme
- **Backpapier** zum Belegen des Backblechs und zum Auslegen der Backformen; das Papier kann mehrmals verwendet werden
- **Nudelholz/Teigroller** zum Ausrollen des Teiges
- **Getreidemühle** (siehe auch Getreidemühle).

Kürbiskerne: Enthalten viel Zink, Eisen und Eiweiß.

Kuzu: Extrakt aus der Wurzel der Pflanze Pueraria Thunbergii. Zur Familie der Leguminosen gehörend. Bindemittel. Stammt aus Japan. 100 kg frische Wurzeln liefern lediglich 3 kg Kuzu. Entsprechend teuer ist das Produkt. Ideale Alternative zu Gelatine, Mais- und Kartoffelstärke. Geschmacksneutral. Wird in China als Heilmittel bei Grippe, Fieber, Durchfall, Schlangenbiß und Insektenstich verwendet. Kuzu darf nicht mit der Arrowroot verwechselt werden. Kuzu ist im Reformhaus und Naturkostladen sowie in Läden mit fernöstlichem Angebot erhältlich.

Kuzu hat sich für Backwaren ohne tierisches Eiweiß, in denen Volumen und ‹Stabilität› erwünscht ist (Torten, Kastenkuchen/Cake), als verläßlicher Partner erwiesen, dies in Kombination mit Weinsteinbackpulver, Agar-Agar-Pulver, kohlensäurehaltigem Mineralwasser und Sahne/Halbrahm.

Macis: Samenmantel der Muskatfrucht. Für Gebäck nur das Pulver verwenden.

Mandeln: Kern der pfirsichähnlichen Frucht des Mandelbaumes. Für geschälte Früchte die Mandeln mit heißem Wasser überbrühen und Haut entfernen. Will man geschälte Nüsse aufbewahren, müssen sie bei mittlerer Temperatur im Ofen getrocknet werden, damit sie keinen Schimmel ansetzen.

Marantamehl/Pfeilwurzmehl: Bindemittel, das durch Erhitzen bindet. Weniger raffiniert als Maisstärke.

Margarine: Empfohlen werden kann nur Margarine aus dem Reformhaus. Reich an essentiellen Fettsäuren. Biologisch hochwertig. Empfehlenswert in Verbindung mit tierischem Eiweiß.

Mascarpone: Weicher, butterähnlicher Frischkäse aus Kuhmilch. Süßlich-säuerlicher Geschmack. Wird aus frischer Sahne/frischem Rahm hergestellt. Kann durch Crème double/Doppelrahm ersetzt werden.

Mehltyp: Gibt den mittleren Mineralstoffgehalt in mg pro 100 g Mehl an. Mehltyp 405 z. B. hat einen mittleren Mineralstoffgehalt von 405 mg pro 100 g Mehl. Je höher der Ausmahlungsgrad, desto mehr mineralstoffreiche Randschichten des Korns sind im Mehl enthalten.

Muskatnuß: Samenkern der Früchte des Muskatbaumes. Frisch gerieben ist das Gewürz am intensivsten.

Natron (Pottache): Umgangssprachliche Bezeichnung für Natriumbikarbonat oder doppelkohlensaures Natron, ein Salz der Kohlensäure. Weißes, in Wasser leicht lösliches Pulver, das mittels Säuren unter Aufschäumen Kohlensäure liefert. Wird vor allem als Treibmittel für Lebkuchen verwendet. Der Kuchen dehnt sich in die Breite aus, weniger in die Höhe (siehe auch Hirschhornsalz).

Nüsse: Reich an Mineralstoffen (Phosphor, Kalzium, Eisen) und Vitaminen der B-Gruppe. Auch Vitamin E und Faserstoffe sind teilweise in beachtlicher Menge vorhanden. Das Eiweiß (Protein) kann vor allem in Kombination mit Getreide und Hülsenfrüchten optimal genutzt werden. Das in den Nüssen enthaltene Fett ist reich an hochwertigen essentiellen Fettsäuren. Wegen des hohen Fettanteils werden Nüsse rasch ranzig. Lieber im Tiefkühler als im Kühlschrank aufbewahren.

Orange, abgeriebene Schale: Nur unbehandelte Früchte verwenden (Reformhaus).

Orangeat: Siehe Fruchtschalen, kandiert.

Pecannüsse: Hartschalenfrucht mit glatter, leicht aufzubrechender Schale und walnußähnlichem Kern. Mild-aromatisch, schwach süßlich. Guter Ersatz für Walnüsse/Baumnüsse.

Pistazie: Hellgrüner Fruchtkern des Pistazienbaumes. Mandelähnlicher Geschmack. Für Backwaren ungesalzene, frische Kerne verwenden. Sie sind nur einige Wochen haltbar, werden rasch ranzig und verlieren schnell die typische Farbe und das Aroma. Deshalb nur kleine Mengen kaufen.

Rahm: Siehe Sahne.

Safran: Blütenteile einer Krokusart. Werden in mühsamer Handarbeit gewonnen, deshalb extrem teuer. Safranpulver wird zum Gelbfärben von Backwaren verwendet.

Sahne (D)/Halbrahm (CH): Die beiden Produkte weichen lediglich bezüglich Fettgehalt (der Eiweißanteil ist bei beiden Produkten in etwa gleich groß) leicht voneinander ab. Während die Sahne 30 % Fett enthält, hat der Halbrahm 25 % Fett. Beide Produkte eignen sich ohne Einschränkung für alle Backwaren. Wichtig: Bei Verwendung von Rahm (CH) werden die Backwaren zu schwer und zu fett.

Saure Sahne: Siehe Crème fraîche.

Schokolade: Genußmittel. Zählt zu den Kohlehydratprodukten (ca. 50 % Kohlehydrate, 40 % Fett, 4–6 % Eiweiß). Nur ab und zu für Backwaren verwenden. Es ist besser, bei Lust auf Schokolade 50 g Schokolade in einem Kuchen oder in Kleingebäck mitzubacken, als die gleiche Menge reine Schokolade zu essen. In den Rezepten wurde Bitterschokolade aus dem Reformhaus verwendet. Ersatz für Schokolade (bei Milchallergie): die gleiche Menge Carob/Johannisbrotpulver (auch in Tafelform erhältlich) nehmen. Siehe auch: Carob.

Sojamehl, vollfett: Sojabohnenprodukt. Bis 40 % Eiweiß und 20 % Fett. Wirkt dank des hohen Lecithingehalts in Backwaren ähnlich emulgierend wie Eier. Die Mehlmischung darf bis 20 % Sojamehl enthalten. 2 Eßlöffel Sojamehl ersetzen ein Ei.

Sojamilch: Hergestellt aus in Wasser gequollenen, zerkleinerten gelben Sojabohnen.

Sonnenblumenkerne: Samen der Sonnenblume. Reich an Vitamin B1, B6, Kalium und Fluor.

Sternanis: Frucht des Anisstrauchs. Vorsichtig dosieren, da der herbsüße Geschmack andere Gewürze leicht überdeckt.

Tapioca/Sago: Stärke aus der Wurzel Manioc (Wurzelknolle eines tropischen Wolfsmilchgewächses). Reich an Eiweiß, Vitamin C und Mineralstoffen.

Tofu: Quark der Sojabohne. Liefert hochwertiges pflanzliches Eiweiß, Vitamine der B-Gruppe, Vitamin E sowie einen besonders hohen Anteil an Kalzium. Tofu ist ein Eiweißkonzentrat, ein Auszug aus der ganzen Bohne. Die Festigkeit von Tofu hängt vom Wasseranteil ab. Fester Tofu (höherer Eiweißanteil) wurde mehr gepreßt als weicher.

Trockenfrüchte/Dörrfrüchte: Gute Qualitäten sind ungeschwefelt. Beim Einkauf darauf achten.

Strom sparen: Spitzenreiter bezüglich Stromverbrauch unter den elektrischen Geräten im Haushalt sind Kochherd und Backofen. Der Ofen braucht nicht in jedem Fall vorgeheizt zu werden. Bei Blätterteig und geriebenem Teig ist Vorheizen jedoch zwingend. Auch bei allen Backversuchen ohne Ei und Milch gelangen die Kuchen bei vorgeheiztem Ofen besser. Bei einem Umlaufbackofen Energie insofern sinnvoll nutzen, indem man auf mehreren Ebenen backt. Backofentüre immer nur kurz und möglichst wenig öffnen.

Vanillepulver: Exotisches Gewürz aus der bis zu 25 cm langen, schotenartigen Frucht einer hochrankenden Orchideenart. Die noch grünen Schoten werden kurz vor der Reife gepflückt, einem Gärprozeß unterzogen und anschließend an der Sonne getrocknet, wobei sich das Aroma und die dunkle Farbe bilden. Während sich für Cremes und Puddings vor allem die Schoten eignen, wird zum Backen das Pulver verwendet.

Vanillezucker: Das Produkt aus dem Reformhaus wird aus der reinen Vanilleschote, gemischt mit Vollrohrzucker, hergestellt.

Vollkornmehl: Enthält alle im Korn enthaltenen Bestandteile wie Kleie, Faserstoffe, Keimling, Eiweiß, B-Vitamine, Spurenelemente (Jod, Kupfer, Zink usw.). Das Mehl am besten selber und immer frisch mahlen (oder im Reformhaus oder Naturkostladen frisch mahlen lassen). Mehrere Wochen altes Vollkornmehl hat bereits einen bitteren Geschmack, da durch die Lagerung das Fett ranzig wird. Zudem kommt es beim Eiweiß zu einer ungünstigen Veränderung, und die sauerstoffempfindlichen Vitamine werden zum größten Teil zerstört.

Je feiner das Mehl gemahlen ist, um so besser ist die Quell- und Backeigenschaft und um so leichter ist die Verarbeitung. Wir verwenden ausschließlich Getreide aus biologischem Anbau. Bezüglich Mehlzusammensetzung mußte wegen des Verzichts auf Eier und Milch in manchen Rezepten ein kleiner Kompromiß gemacht und das frisch gemahlene Mehl teilweise gesiebt werden. Nur so war es möglich, lockere, luftige Backwaren zu bekommen. Wer auf Volumen verzichten kann, braucht das Mehl nicht zu sieben. In diesem Fall braucht es jedoch mehr Flüssigkeit.

Walnüsse/Baumnüsse: Reich an Vitamin B und C, Spurenelementen, Kalzium, Schwefel, Phosphor, Chlor, Kalium, Magnesium, Eisen, Zink und Kupfer.

Weinsteinbackpulver: Im Reformhaus erhältlich in Portionenbeuteln (20 g) und offen. Das Backpulver besteht aus dem Treibmittel Natronbicarbonat und dem Säurungsmittel Weinstein. Durch chemische Reaktion entsteht im Teig Kohlensäure. Sie lockert den Teig und treibt ihn in die Höhe. In jedem Fall ist beim Einkaufen auf Backpulver ohne Phosphat und Phosphorsäure (Reformhaus) zu achten.

Weißmehl: Hoher Energiegehalt. Keine Vital- und Faserstoffe.

Zimt: Rinde des Zimtlorbeerbaumes. Erhältlich als Pulver, Rinde und Stange. Aromatisch-würzig, zuerst süßlich, dann brennend.

Zitronat: Siehe Fruchtschalen kandiert.

Zitrone, abgeriebene Schale: Nur unbehandelte Früchte verwenden (Reformhaus).

Zucker: Ob weiß oder braun, ob Fruchtzucker aus der Fabrik, Trauben-, Milch-, Rüben- oder Malzzucker, ob Ahornsirup, Birnendicksaft usw., es handelt sich um Konzentrate, die einzuschränken sind.

Backrezepte

Wichtig: Da alle in diesem Buch enthaltenen Rezepte
der Gruppe 1 (Komplexe Kohlehydrate) angehören,
wurde auf die Zahlen bei den einzelnen Rezepten verzichtet.

Backtips

- Halten Sie sich strikte an das Rezept. Dieses zu Beginn immer genau lesen. Kleine Abweichungen sind bei der Flüssigkeitsmenge möglich, da das Getreide unterschiedlich viel Flüssigkeit aufnimmt. Gekauftes Dinkelmehl z. B. ist in der Regel trockener als frisch gemahlenes. Beim Kauf darauf achten, daß es sehr fein gemahlen ist (z. B. Zentrofan-Dinkelmehl).
- Zutaten immer mit einer Küchenwaage wägen. Für kleine Mengen (z.B. Agar-Agar-Pulver) eine Briefwaage nehmen. Ein Maßbecher ist zu wenig genau.
- In Rezepten, wo für die Zutaten Zimmertemperatur erforderlich ist, Butter, Hefe und Sahne/Rahm rechtzeitig aus dem Kühlschrank nehmen. Dies erleichtert die Verarbeitung.
- Die Backzeit kann je nach Backofen leicht variieren. Die Backprobe läßt sich wie folgt machen:
- ● Mit einem dünnen Holzstäbchen bis auf den Formboden stechen. Wenn das Holzstäbchen sauber bleibt, ist der Kuchen fertig gebacken, andernfalls noch einige Minuten weiterbacken. Erneut Probe machen.
- ● Bei Brotlaiben klopft man auf die Unterseite. Klingt es ‹hohl›, ist das Brot fertig gebacken.
- ● Bei Biskuitteig das Biskuit leicht nach unten drücken. Wenn der Eindruck rasch wieder verschwindet, ist der Kuchen fertig gebacken.
- ● Bei Rouladen löst man eine Ecke vorsichtig vom Backpapier. Hat das Papier keine feuchten Teigspuren, ist der Teig fertig gebacken.
- ● Bei Keksen/Kleingebäck ein Stück vom Blech lösen oder vom Backpapier nehmen und kontrollieren, ob die Unterseite braun ist.
- Die Einschubhöhe richtet sich im allgemeinen nach der Höhe des Gebäcks. Die Mitte des Gebäcks sollte grundsätzlich in der Mitte des Backofens sein.
- Schwarzblechformen sind Weißblechformen vorzuziehen. In einer Weißblechform bräunt der Kuchen außen rasch und bleibt innen zu lange roh und wird dadurch häufig ‹käsig›. Dasselbe gilt für Aluminiumformen.
- Form oder Blech immer einfetten (bei Blätterteig nicht nötig) oder mit Backpapier auskleiden.
- Einfetten: Form mit flüssiger Butter einpinseln. Form kühl stellen. Blanke Stellen nachfetten.
- Backpapier: Darauf achten, daß das Papier beim Einfüllen nicht verrutscht.
- Kuchen einige Minuten in der Form ruhen lassen. Auf ein Gitter stürzen und erkalten lassen.
- Wenn entgegen der empfohlenen Mehlzusammensetzung ausschließlich Vollkornmehl verwendet wird, kann keine Garantie für ein gutes Backergebnis übernommen werden. Reiner Vollkornteig ohne Eier wird oft zu schwer und zu zäh. Wer es trotzdem probieren will, sollte etwas mehr Flüssigkeit nehmen, damit der Kuchen nicht zu trocken wird.
- Eine Prise Meersalz verbessert Geschmack und Aroma jedes Gebäcks.

Hefeteig

(Brot und Brötchen)

Getreide mahlen: Getreidekörner sehr fein mahlen.

Mehlsorten: Der Dinkelanteil sollte mindestens 60 % betragen, da für ein gutes Backergebnis ein hoher Kleberanteil notwendig ist.

Teigbeschaffenheit: Der Teig soll vor dem Aufgehen eher feucht sein, nur so kann sich die Wirkung der Hefe optimal entfalten.

Teigzubereitung:

1. Sämtliche Zutaten sollen Zimmertemperatur haben.
2. Hefe in wenig lauwarmem Wasser auflösen.
3. Teig mindestens 10 Minuten mit warmen Händen (nicht auf einer Marmorunterlage) oder mit der Maschine kneten.
4. Teig bei Zimmertemperatur an einem geschützten Ort (die Hefe verträgt keinen Durchzug) zugedeckt um das Doppelte gehen lassen.
5. Teig kurz kneten und öfters auf die Arbeitsfläche schlagen.
6. Teig formen.
7. Teig abermals gehen lassen.

Teig bearbeiten: Zu Beginn des Knetens hilft es, wenn die Finger immer wieder gut gemehlt werden. Dazu nimmt man gesiebtes Dinkelmehl, keinesfalls Roggenmehl, weil sonst der Teig noch mehr klebt.

Hefe: Die Hefe, auch Preßhefe genannt, soll immer frisch sein. Sie ist gelblich, bröcklig und riecht gärig. Die in der Hefe enthaltenen Hefepilze vermehren sich in der zucker- und stärkehaltigen Masse. Dabei wird ein kleiner Teil von Zucker und Stärke in Alkohol und Kohlensäure umgewandelt. Diese Gärung bewirkt das Aufgehen und die Lockerung des Teiges.

Weniger Hefe: Die Hefemenge kann halbiert werden, wenn man den Teig über Nacht im Kühlschrank zugedeckt gehen läßt. Am nächsten Tag nochmals gut kneten.

Knusprige Teigkruste: Brot vor dem Backen mit Öl einpinseln.

Ofenfrische Brötchen: Brötchen 10 Minuten vorbacken. Mit Wasser einpinseln. Vor der Mahlzeit nochmals 10 Minuten backen. Oder Brötchen nach dem Vorbacken auskühlen lassen und tiefgefrieren. Brötchen gefroren in den Ofen geben und 15 Minuten backen.

Teig tiefgefrieren: Genauso wie die Hefe durch das Tiefgefrieren ihre Treibkraft nicht verliert, kann auch jeder Hefeteig rund 2 Monate tiefgefroren werden.

Frisches Hefeteiggebäck: Hefeteiggebäck schmeckt frisch am besten.

Partybrot

| 300 g Dinkel, fein gemahlen |
| 200 g Dinkel, fein gemahlen, Kleie ausgesiebt |
| 20 g Hefe |
| 8 EL lauwarmes Wasser |
| 1 EL Honig |
| 1 TL Meersalz |
| 60 g weiche Butter |
| Sahne/Rahm zum Einpinseln |
| **zum Bestreuen** |
| Mohnsamen, Sesamsamen, Sonnenblumenkerne, Kümmel, grobes Meersalz, gehackte Nüsse |

1. Hefe im Wasser auflösen. Mit 4 Eßlöffeln gesiebtem Mehl mischen. Vorteig 2 Stunden gehen lassen.

2. Alle anderen Zutaten mit nassen Händen unter den Vorteig arbeiten. Gut kneten. Brotteig zugedeckt an einem warmen Ort um das Doppelte aufgehen lassen.

3. Soviel Dinkelmehl einkneten, bis ein geschmeidiger Teig entsteht.

4. Für das Partybrot den Teig in 19 Portionen (am besten arbeitet man mit der Küchenwaage) teilen. Kugeln formen. Blech mit Backpapier belegen. Als erstes wird die Mittelkugel ins Blech gesetzt. Es folgen 6 Kugeln, die um die Mittelkugel gereiht werden. Der zweite Ring besteht aus 12 Kugeln. Kugeln mit Sahne einpinseln. Mit Sesamsamen, Mohnsamen, Sonnenblumenkernen, grobem Meersalz, Kümmel und gehackten Nüssen bestreuen. 15 bis 30 Minuten kühl stellen.

5. Partybrot im vorgeheizten Ofen auf unterem Einschub 25 bis 30 Minuten backen.

6. Variante: Auf dem Bild wurde aus der doppelten Teigmenge ein Stern gebacken (der Stern ist für einen normalen Haushaltbackofen zu groß). Aus den Teigkugeln kann auch ein Herz oder ein Kleeblatt geformt oder die Kugeln können lose gebacken werden.

Abbildung rechts

Samenbrot

| **Vorteig** |
| 300 g/3 dl Sahne/Halbrahm |
| 300 ml/3 dl lauwarmes Wasser |
| 40 g Hefe |
| 1 EL Honig |
| 300 g Dinkel, fein gemahlen |
| 2 EL Leinsamen |
| 4 EL Sesamsamen |
| 4 EL Sonnenblumenkerne |
| **Hauptteig** |
| 2 TL Meersalz |
| 200 g Dinkel, fein gemahlen |
| 400 g Dinkel, fein gemahlen, Kleie ausgesiebt |

1. Sahne und Wasser verrühren. Hefe und Honig darin auflösen. Restliche Zutaten für den Vorteig dazugeben. Gut rühren. Zugedeckt um das Doppelte aufgehen lassen.

2. Salz und restliches Mehl zum Vorteig geben. Zu einem geschmeidigen Teig kneten. 30 Minuten zugedeckt gehen lassen. Samen und Kerne in den Teig kneten.

3. Blech mit Backpapier belegen.

4. Teig halbieren. Zwei längliche Brotlaibe formen. Auf dem Blech 15 Minuten gehen lassen. Brotlaibe mit einem scharfen Messer einige Male quer einschneiden.

5. Samenbrot im vorgeheizten Ofen bei 220 Grad auf unterstem Einschub 20 Minuten backen. Bei 180 Grad weitere 30 bis 40 Minuten backen. Brot auf dem Gitter erkalten lassen.

6. Tip: Das Kneten wird erleichtert, wenn man zu Beginn die Finger immer wieder gut mehlt (nie Roggenmehl nehmen, sonst klebt der Teig noch mehr). Eine wunderbar knusprige Kruste bekommt das Brot, wenn es vor dem Backen mit Öl eingepinselt wird.

Butterzopf

für 1 Zopf oder 2 Zöpfe
400 g Dinkel, fein gemahlen
350 g Dinkel, fein gemahlen, Kleie ausgesiebt
1 TL Meersalz
120 g lauwarme Butter
1 EL Honig
40 g Hefe
300 ml/3 dl lauwarmes Wasser
100 g/1 dl Sahne/Halbrahm, lauwarm
1 EL Sahne/Rahm, zum Einpinseln
wenig Honig, zum Einpinseln

1. Hefe im Honig auflösen.
2. Mehl und Salz mischen.
3. Hefe, Wasser, Sahne und But-ter zum Mehl geben. Zu einem Teig zusammenfügen. Kräftig kneten. Der Teig soll Blasen wer-fen und sich leicht von der Schüs-sel lösen. Zopfteig an einem war-men Ort zugedeckt knapp um das Doppelte aufgehen lassen (30 bis 60 Minuten). Probe: Der Teig ist richtig aufgegangen, wenn eine mit dem Finger in den Teig gedrückte Vertiefung sich nur langsam auffüllt.
4. Teig abermals kneten. Bei zu feuchtem Teig wenig gesiebtes Dinkelmehl einkneten. Der Teig soll geschmeidig sein, nicht zu weich und nicht zu hart.
5. Teig halbieren (1 Zopf) oder vierteln (2 Zöpfe). Aus den Teig-stücken gleich lange Teigrollen drehen (mit der Handfläche rol-len, nicht ziehen, da der Teig sonst in die Breite geht). 2 Teig-rollen zu einem Zopf flechten. Zugedeckt 10 Minuten gehen las-sen. Für eine schöne Farbe mit der Mischung aus Sahne und Honig einpinseln.
6. Dinkelzopf im vorgeheizten Ofen bei 200 Grad auf unterem Einschub 40 Minuten backen.
7. Variante: Für **Brioches** (ab Punkt 5) den Teig (eventuell nur $\frac{1}{2}$ Portion nehmen) in 20 Portio-nen teilen (mit der Küchen-waage) und Kugeln formen. Mit dem Daumen in jede Kugel ein Loch drücken. Mit Hagebuttemar-melade füllen. Kugeln mit Sahne einpinseln und mit Mandelblätt-chen bestreuen. Brioches im vor-geheizten Ofen bei 170 Grad auf mittlerem Einschub 30 Minuten backen. Auch Johannisbeermar-melade, nach Belieben gemischt mit 2 Eßlöffeln schwarzem Jo-hannisbeerlikör, eignet sich als Füllung.
7. Tip: Der Teig eignet sich auch für Hörnchen/Gipfel.

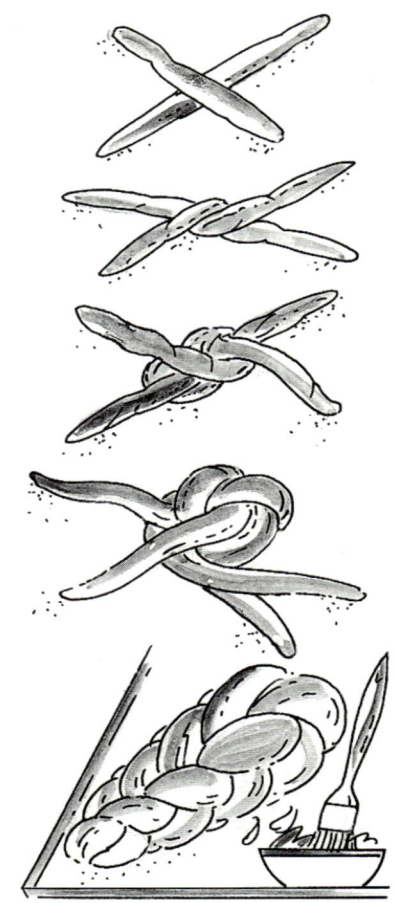

Abbildung Seite 59

Honig-Rum-Brötchen

2 EL Rum
30 g Rosinen
200 g Dinkel, fein gemahlen
275 g Dinkel, fein gemahlen, Kleie ausgesiebt
20 g Hefe
200 ml/2 dl kohlensäurehaltiges Mineralwasser
4 EL Blütenhonig
½ TL Meersalz
1 TL weiche Butter
2 EL Öl

1. Rosinen im Rum 30 Minuten einlegen.
2. Hefe im Mineralwasser auflösen. Mehl und restliche Zutaten darunterarbeiten. Kräftig kneten.
3. Aus dem Teig 8 runde Brötchen formen. Brötchen mit genügend Abstand auf ein mit Backpapier belegtes Blech legen. Zugedeckt 30 bis 40 Minuten gehen lassen.
4. Brötchen mit Sahne einpinseln. Nach Belieben mit 3 Mandeln verzieren, 2 für die Ohren, 1 für den Mund.
5. Brötchen im vorgeheizten Ofen bei 200 Grad auf mittlerem Einschub 20 Minuten backen. Ofen ausschalten. 5 Minuten fertigbacken.

Laugenbrezel

200 g Dinkel, fein gemahlen
100 g Hafer, fein gemahlen
200 g Dinkel, fein gemahlen, Kleie ausgesiebt
40 g Hefe
ca. 350 ml/3,5 dl lauwarmes Wasser
½ TL Meersalz
grobkörniges Salz, für die Garnitur
Sesamsamen, Mohnsamen, Leinsamen, zum Bestreuen
7 %ige Natronlauge (Drogerie/Apotheke)

1. Hefe in wenig lauwarmem Wasser auflösen. Mehl und Salz dazugeben. Lauwarmes Wasser nach und nach zum Mehl geben. Teig gut kneten. Zugedeckt um das Doppelte aufgehen lassen.
2. Hefeteig leicht kneten. In Portionen von ca. 70 g (12 Stück) teilen. Aus jedem Teigstück auf bemehlter Arbeitsfläche von Hand eine Rolle von 30 cm Länge drehen. An beiden Enden 5 cm durch Rollen auf 10 cm verlängern. Die schmalen Teigenden nach innen legen und schlingen. Teigenden am dicken Mittelteil festdrücken. Brezel auf einem Küchentuch bei Zimmertemperatur zugedeckt 20 Minuten gehen lassen. Danach 2 Stunden oder über Nacht kühl stellen.

3. Brezel einzeln an einer Holzkelle für ca. 15 Sekunden in die Natronlauge tauchen. Auf ein mit Backpapier belegtes Blech legen. Mit grobkörnigem Salz, Sesamsamen, Mohnsamen oder Leinsamen bestreuen.
4. Brezel im vorgeheizten Ofen bei 220 Grad auf unterem Einschub je nach Größe 15 bis 25 Minuten backen. Für mehr Glanz ein kleines mit Wasser gefülltes Blech auf den Ofenboden stellen. Ofentür einen Spalt offen lassen (eine Holzkelle einklemmen).
5. Tips: Brezel ganz frisch quer halbieren und mit frischer Butter bestreichen. Die leicht ausgekühlten Brezel können auch tiefgefroren werden. Einzeln vorgefrieren, dann in Plastikbeutel füllen und tiefgefrieren. Gefrorene Brezel bei Zimmertemperatur antauen lassen. Im Ofen bei 200 Grad 5 Minuten aufbacken.
6. Natronlauge: Die Lauge kann ein zweites Mal verwendet werden. Vorsichtig in Glasflaschen abfüllen (Aluminiumgebinde und Flaschen aus Kunststoff sind ungeeignet). Die Natronlauge ist stark ätzend, eine Eigenschaft, die sie beim Backen verliert. Beim Eintauchen der Brezel auf Schleimhäute und Hände aufpassen.
7. Einfaches Rezept: Laugenbrezel können aus jedem Brotteig gemacht werden. Der Teig darf ziemlich fest sein.

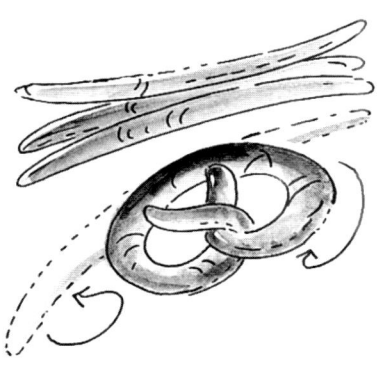

Birnenbrot

400 g getrocknete Birnen, ohne Stiel
45 g getrocknete Äpfel
160 g Datteln, entsteint
½ l Wasser
100 g Walnüsse/Baumnüsse
17 g Birnbrotgewürz
100 ml/1 dl Kirsch
20 g Butter, zum Einpinseln
1 EL Blütenhonig, zum Einpinseln
Brotteig
40 g Hefe
50 ml/0,5 dl lauwarmes Wasser
1 EL Honig
350 g Dinkel, fein gemahlen
150 g Dinkel, fein gemahlen, Kleie ausgesiebt
1 gehäufter TL Meersalz

1. Birnen, Äpfel und Datteln im Wasser zugedeckt 25 Minuten köcheln lassen. Auf der ausgeschalteten Wärmequelle zugedeckt 3 Stunden quellen lassen.
2. Für den Teig Mehl und Salz mischen. In einer Schüssel eine Mulde machen. Die im Wasser aufgelöste Hefe in die Vertiefung geben. Hefe mit Mehl bestäuben. 30 Minuten gehen lassen.
3. Eingelegte Früchte zerkleinern. Mit 350 ml/3,5 dl Einweichwasser pürieren. Masse durch ein Sieb streichen. Um das Passieren zu erleichtern, ab und zu ein paar Eßlöffel Wasser ins Sieb geben.
4. Fruchtmasse, Walnüsse, Birnbrotgewürz und Kirsch zum Mehl geben. Kräftig kneten. Teig über Nacht zugedeckt gehen lassen.
5. Birnenbrotteig mit wenig gesiebtem Mehl nochmals gut kneten. 1 bis 2 Brote formen. Birnenbrote auf ein mit Backpapier belegtes Blech legen.
6. Birnenbrote im vorgeheizten Ofen bei 200 Grad auf unterem Einschub je nach Größe 45 bis 60 Minuten backen. Noch heiß mit der Mischung aus geschmolzener Butter und Honig einpinseln.
7. Birnenbrot vor dem Anschneiden über Nacht ruhen lassen.
8. Tip: Eine dünne Scheibe Birnenbrot mit Butter bestreichen. Eine zweite Brotscheibe darauflegen.

Pizza mit Oliven und Kapern

für 2 runde Kuchenbleche von 25 cm Durchmesser oder ein großes rechteckiges Blech
Pizzateig
500 g Dinkel, fein gemahlen, oder 400 g Dinkel, fein gemahlen, und
100 g Dinkel, fein gemahlen, Kleie ausgesiebt
1½ TL Meersalz
25 g Hefe
2 EL Wasser
1 TL Honig
300 ml/3 dl lauwarmes Wasser
50 ml/0,5 dl Olivenöl
Belag
600 g sonnengereifte Tomaten
1 Knoblauchzehe, gehackt
2 EL Tomatenmark
3 EL Olivenöl
getrockneter Oregano
20 schwarze Oliven
1 EL Kapern
Pfeffer aus der Mühle

1. Hefe im Wasser (2 EL) und Honig auflösen. Mit einem Eßlöffel Mehl glattrühren. Vorteig zugedeckt 15 Minuten gehen lassen.
2. Restliche Zutaten zum Vorteig geben. Teig gut kneten. Pizzateig zugedeckt um das Doppelte aufgehen lassen. Nochmals kneten.
3. Tomaten über den Spitz kreuzweise einritzen. Kurz in kochendes Wasser geben, bis sich die Haut zu lösen beginnt. Kalt abschrecken. Haut abziehen. Stielansatz kreisförmig herausschneiden. Früchte in Scheiben schneiden und durch ein Sieb drücken.
4. Knoblauch, Tomatenmark, Olivenöl und Oregano zu den zerdrückten Tomaten geben. Würzen.
5. Pizzateig auf bemehlter Arbeitsfläche 1 cm dick ausrollen. In die gefettete Form legen.
6. Tomatensauce auf den Teig verteilen, dabei 1 cm Rand freilassen. Mit den Oliven und Kapern belegen.
7. Pizza im vorgeheizten Ofen bei 220 bis 250 Grad auf unterem Einschub 20 bis 30 Minuten backen.

Abbildung rechts

Toastbrot

für eine Kastenform/Cakeform von 25 cm Länge
20 g Hefe / 1 TL Honig
250 ml/2,5 dl lauwarmes Wasser
1 TL Meersalz
250 g Dinkel, fein gemahlen
250 g Dinkel, fein gemahlen, Kleie ausgesiebt
150 g/1,5 dl Sahne/Rahm
Rosinenbrot
1 Portion Grundteig
100 g Rosinen, gewaschen und getrocknet, im Mehl gedreht
2 El Blütenhonig
Kräuterbrot
1 Portion Grundteig
3–4 EL frische Kräuter, gehackt
½ TL Meersalz
Früchtebrot
1 Portion Grundteig
200 g getrocknte Früchte, zerkleinert, über Nacht in Rum oder Fruchtsaft eingelegt
100 g ganze Haselnüsse, im Mehl gedreht
Leinsamen-/Mohnsamen-/ Sonnenblumenbrot
1 Portion Grundteig
150 g Leinsamen, gemahlen, oder 150 g Mohn, gemahlen, oder 150 g Sonnenblumenkerne, ohne Fettstoff geröstet
Zwiebelbrot
1 Portion Grundteig
3 große Zwiebeln, in dünnen Scheiben, in 3 EL Öl gebräunt, auf Küchenpapier abgetropft, im Mehl gedreht
½ TL Meersalz
Kümmelsamen oder Koriander, nach Belieben
Nußbrot
1 Portion Grundteig
200 g Nüsse, grob gehackt

1. Hefe, Honig und 4 Eßlöffel gesiebtes Mehl in die Schüssel geben. Wasser dazurühren. Vorteig 30 Minuten gehen lassen.

2. Restliche Zutaten zum Vorteig geben. Teig kräftig kneten und um das Doppelte aufgehen lassen. Nochmals kräftig kneten. **Wichtig:** Jetzt allfällige Zutaten wie Dörrfrüchte, Kräuter usw. in den Teig kneten.

3. Teig in die gefettete Form füllen. Zugedeckt 1 Stunde gehen lassen.

4. Teig mit einem spitzen Messer in Längsrichtung ca. 1 cm tief einschneiden.

5. Toastbrot im vorgeheizten Ofen bei 220 Grad auf unterstem Einschub 20 Minuten backen. Weitere 30 Minuten bei 200 Grad backen. Brot aus der Form nehmen. Erkalten lassen. Nach Belieben noch heiß mit Wasser einpinseln (für einen leichten Glanz).

6. Varianten: Für **Zwieback** das Toastbrot nach 24 Stunden in Scheiben schneiden. Mit flüssiger Butter einpinseln. Wenig Vanillezucker (aus dem Reformhaus) und Anissamen darüberstreuen. Zwieback auf einem mit Backpapier belegten Blech im vorgeheizten Ofen bei 200 Grad beidseitig je 15 Minuten backen. Mit Honig servieren. – Für **Mandelbrot** die Brotscheiben großzügig mit flüssiger Butter einpinseln. Mit Vanillezucker und grob geraspelten Mandeln bestreuen. Im vorgeheizten Ofen bei 200 Grad auf mittlerem Einschub 15 Minuten backen. – Für **Baguettes** Teig portionieren und 5 cm dicke Rollen drehen. Teigrollen auf ein mit Backpapier belegtes Blech legen. 30 Minuten gehen lassen. Baguettes 2 bis 3 Mal schräg einschneiden. Im vorgeheizten Ofen bei 220 Grad ca. 30 Minuten backen. – **Brezel:** Formen und backen siehe Brezel, Seite 41. – Für einen **Brötchenkranz** Rollen von 4 cm Durchmesser drehen. Diese in 3 cm dicke Scheiben schneiden. Kugeln formen. Die Oberfläche soll ganz glatt sein. Kugeln kranzförmig dicht nebeneinander auf ein mit Backpapier belegtes Blech legen. Mit Wasser einpinseln. Beliebig mit Mohnsamen, gehackten Walnüssen/ Baumnüssen, gehackten Kürbiskernen, Kleie oder Sesamsamen bestreuen. Brötchenkranz im vorgeheizten Ofen auf mittlerem Einschub 30 bis 35 Minuten backen. Noch heiß mit kaltem Wasser einpinseln. Auf einem Gitter erkalten lassen.

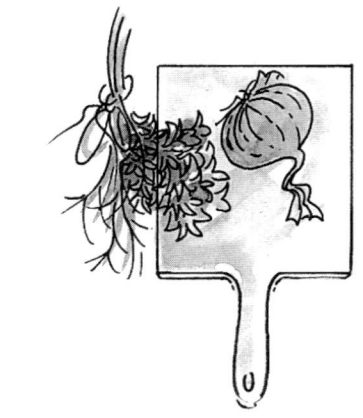

Dinkelbrot

500 g Dinkel, fein gemahlen
20 g Hefe
1 TL Honig
ca. 375 ml/3,75 dl lauwarmes Wasser
½–1 TL Meersalz

feines Dinkelbrot

300 g Dinkel, fein gemahlen
200 g Dinkel, fein gemahlen, Kleie ausgesiebt
übrige Zutaten: siehe Grundzutaten

Flockenbrot

300 g Dinkel, fein gemahlen
200 g Flocken, z. B. Dinkel- oder Haferflocken
übrige Zutaten: siehe Grundzutaten

Maisbrot

300 g Dinkel, fein gemahlen
200 g Mais, fein gemahlen
Rosinen und Honig, nach Belieben
übrige Zutaten: siehe Grundzutaten

Kleiebrot

300 g Dinkel, fein gemahlen
200 g Kleie
übrige Zutaten: siehe Grundzutaten

Buchweizenbrot

300 g Dinkel, fein gemahlen
200 g Buchweizen, über Nacht eingeweicht
übrige Zutaten: siehe Grundzutaten

Schrotbrot

300 g Dinkel, fein gemahlen
200 g Dinkel, geschrotet, über Nacht eingeweicht
übrige Zutaten: siehe Grundzutaten

1. Hefe, Honig und 4 Eßlöffel Mehl in eine Schüssel geben. Wasser dazurühren. Vorteig 30 Minuten zugedeckt gehen lassen.

2. Mehl und Salz zum Vorteig geben. Teig so lange kneten, bis er elastisch ist und sich von der Schüssel löst. Zugedeckt um das Doppelte aufgehen lassen. Teig abermals durch Klopfen und Kneten bearbeiten.

3. Brotlaib formen. Auf ein mit Backpapier belegtes Blech legen. 30 Minuten gehen lassen. Mit einem spitzen Messer 2 bis 3 Mal schräg einschneiden. Mit Öl einpinseln.

4. Dinkelbrot im vorgeheizten Ofen bei 220 Grad auf unterstem Einschub 20 Minuten backen. Weitere 30 Minuten bei 200 Grad backen. Das noch heiße Brot nach Belieben für einen leichten Glanz mit kaltem Wasser einpinseln. Auf einem Gitter erkalten lassen.

5. Wichtig: Je nach Mehl (u. a. von der Körnerqualität abhängig) und Körnerart braucht es mehr oder weniger Wasser. Der Teig soll zu Beginn feucht, d. h. leicht klebrig sein. Vollkornmehl braucht eine gewisse Zeit, bis es die Flüssigkeit aufgenommen hat. Je nach Teigdicke etwas Wasser oder gesiebtes Mehl einkneten. Anfangs Finger immer wieder leicht mehlen. Dies erleichtert die Arbeit.

Sauerteig

Sauerteigansatz: Besteht aus Roggenmehl und Wasser. Durch Gärung des Ansatzes wird der Teig locker, und das Brot bekommt einen säuerlichen Geschmack. Ohne Sauerteig würde das Roggenbrot klebrig. Den Sauerteigansatz selber herzustellen ist aufwendig, weshalb in diesem Buch auf die entsprechende Anweisung verzichtet wird. Am besten kauft man den Ansatz im Reformhaus.

Teigbeschaffenheit: Der Teig muß an den Fingern haften. Wenn er zu trocken ist, geht er nicht auf. Nach dem Aufgehen soll der Teig elastisch sein und so fest, daß man für die weitere Verarbeitung nur noch wenig Streumehl benötigt. Bei zu weichem Teig kein zusätzliches Mehl einkneten, sondern das Brot in einer gefetteten Form backen.

Teig bearbeiten: Das Kneten wird zu Beginn erleichtert, wenn die Finger immer wieder gemehlt werden. Dazu nimmt man gesiebtes Dinkelmehl, keinesfalls Roggenmehl, weil sonst der Teig noch mehr klebt.

Sauerteig-Früchtebrot

Sauerteigansatz

1 Beutel Fertig-Sauerteig (Reformhaus)
300 ml/3 dl lauwarmes Wasser
375 g Roggen, fein gemahlen

Früchte

170 g getrocknete Pflaumen, entsteint, in Streifen
65 g getrocknete Aprikosen, in Streifen
65 g getrocknete Äpfel, in Streifen
100 g Haselnußkerne
2 EL Blütenhonig
2 EL Kirsch
2 EL Rum

Hauptteig

25 g Kuzu
8 g Agar-Agar-Pulver
150–175 ml/1,5–1,75 dl kohlensäurehaltiges Mineralwasser
1 gehäufter TL Meersalz
320 g Dinkel, fein gemahlen, Kleie ausgesiebt

Zusätzlich

60 g Dinkel, fein gemahlen, Kleie ausgesiebt

1. Sämtliche Zutaten für den Sauerteigansatz glattrühren. Bei Zimmertemperatur oder an einem warmen Ort zugedeckt 24 Stunden, im Winter 3 bis 4 Stunden länger gehen lassen.
2. Getrocknete Früchte und Nüsse mit dem Honig, dem Kirsch und Rum mischen. 3 Stunden stehen lassen.
3. Kuzu und Agar-Agar-Pulver im Mineralwasser auflösen. 20 Minuten stehen lassen.
4. Gut abgetropfte Früchte und Nüsse im Mehl drehen.
5. Sämtliche Zutaten für den Hauptteig zum Sauerteigansatz geben. Mit nassen Händen 15 bis 20 Minuten kräftig kneten. Der Teig soll so feucht sein, daß er an den Fingern haftet. Wenn der Teig zu trocken ist, geht er nicht auf. Teig zugedeckt 3 Stunden gehen lassen. Während dieser Zeit den Teig 2 Mal mit nassen Händen leicht kneten.
6. Mit dem restlichen Mehl ein flaches, halbkugeliges Früchtebrot formen. Mehr als die 60 g Mehl sollten nicht verwendet werden, da der Teig sonst zu trocken wird und an Elastizität verliert. Früchtebrot in eine mit Backpapier belegte flache schwarze Kuchenform/schwarzes Wähenblech (26 cm Durchmesser) legen. Mit Wasser einpinseln. Zugedeckt 2 bis 3 Stunden gehen lassen. Während dieser Zeit 2 bis 3 Mal mit Wasser einpinseln, damit der Teig keine Risse bekommt.
7. Ofen auf 200 Grad vorheizen. Früchtebrot und ein kleines mit Wasser gefülltes Gefäß auf unterem Einschub in den Ofen stellen. Früchtebrot ca. 60 Minuten bei 200 Grad backen. Auf einem Gitter erkalten lassen. Noch heiß mit Akazienhonig einpinseln.
8. Mit frischer Butter servieren.
9. Sauerteigansatz aufbewahren: Siehe leichtes Roggensauerteigbrot, Seite 48, Punkte 7 und 8.

Leichtes Roggen-Sauerteigbrot

Sauerteigansatz
1 Beutel Fertig-Sauerteig (Reformhaus)
300 ml/3 dl lauwarmes Wasser
375 g Roggen, fein gemahlen
1 TL Kümmel
Hauptteig
200 ml/2 dl lauwarmes Wasser
375 g Dinkel, fein gemahlen, Kleie ausgesiebt
1 TL Honig
2 TL Meersalz
Zusätzlich
60 g Dinkel, fein gemahlen, Kleie ausgesiebt

1. Sämtliche Zutaten für den Vorteig zu einem dicken Brei rühren. Teig 24 Stunden, im Winter 3 bis 4 Stunden länger bei Zimmertemperatur oder an einem warmen Ort zugedeckt gehen lassen.

2. Für den Hauptteig Wasser, Honig und Salz verrühren. Honigwasser und Mehl zum Vorteig geben. Mit nassen Händen 10 bis 15 Minuten kräftig kneten. Der Teig soll so feucht sein, daß er an den Fingern haftet; wenn er zu trocken ist, geht er nicht auf. Sauerteig zugedeckt 3 Stunden gehen lassen. Während dieser Zeit den Teig 2 Mal mit nassen Händen leicht kneten.

3. Mit dem restlichen Mehl ein flaches, halbkugeliges Brot formen. Mehr als die 60 g Mehl sollten nicht verwendet werden, da sonst der Teig zu trocken wird und an Elastizität verliert. Brotlaib in eine mit Backpapier belegte flache schwarze Kuchenform/ schwarzes Wähenblech (26 cm Durchmesser) legen. Mit Wasser einpinseln. Zugedeckt 2 bis 3 Stunden gehen lassen. Während dieser Zeit 2 bis 3 Mal mit Wasser einpinseln, damit der Teig keine Risse bekommt.

4. Brotlaib mit einem scharfen Messer rhombenartig einschneiden. Mit lauwarmem Wasser einpinseln.

5. Ofen auf 200 Grad vorheizen. Sauerteigbrot und ein kleines mit Wasser gefülltes Gefäß auf unterem Einschub in den Ofen stellen. Brot ca. 50 Minuten bei 200 Grad backen. Auf einem Gitter erkalten lassen. Brot solange es noch heiß ist großzügig mit Wasser einpinseln.

6. Tip: Sauerteigbrot zum Frühstück mit Butter, Honig und Nüssen genießen.

7. Sauerteigansatz aufbewahren: Für das nächste Sauerteigbrot 3 Eßlöffel Sauerteigansatz in ein Glas mit Schraubverschluß füllen. Im Kühlschrank aufbewahren. Dieser Vorteig wird als Ersatz für den Beutel Fertig-Sauerteig verwendet. Mit 50 ml/0,5 dl lauwarmem Wasser anrühren.

8. Sauerteigansatz über längere Zeit aufbewahren: 2 Eßlöffel Sauerteigansatz mit so viel Roggenmehl mischen, daß es einen festen Teigklumpen gibt. In einem Glas mit Schraubverschluß kann der Sauerteigansatz im Kühlschrank rund 3 Monate aufbewahrt werden. Die Milchsäurebakterien vermehren sich wieder, wenn sie mit Mehl und Wasser neu angesetzt werden (Punkt 1).

Backfermentteig

Backferment: *Spezieller Sauerteig auf Getreide-Honig-Basis. Eigentliches Treibmittel sind Wildhefe und Milchsäurebakterien (biologische Teiglockerung).*
Mehlsorten: *²/₃ Dinkelmehl, Rest nach Belieben.*
Treibtemperatur: *ca. 28 Grad. Bei niedrigerer Temperatur braucht der Teig entsprechend länger (bis 20 Stunden). Je länger der Teig zum Aufgehen benötigt, desto säuerlicher schmeckt das Brot.*
Grundansatz aufbewahren: *In einem Glas mit Schraubverschluß 4 bis 6 Monate lagerfähig.*
Teig vor dem Austrocknen schützen: *Immer mit nassen Händen kneten. Teig mit einem feuchten Tuch dekken.*
Brot backen: *Während des Backens ein Gefäß mit heißem Wasser in den Ofen stellen. 20 Minuten bei 220 Grad vorheizen, dann auf 170 Grad reduzieren.*

Backfermentbrot

für 2 Kastenformen/Cakeformen von 25 cm Länge
Ansatz
1 gehäufter TL Backferment (Reformhaus)
1 gehäufter TL Grundansatz (Reformhaus)
300 g Dinkel, fein gemahlen
300 ml/3 dl Wasser, 40 Grad warm
Hauptteig
350 g Dinkel, fein gemahlen
350 g Dinkel, fein gemahlen, Kleie ausgesiebt
ca. 400 ml/4 dl sehr warmes Wasser (50 bis 60 Grad)
1½ EL Meersalz
Kümmel oder Brotgewürzmischung (Reformhaus), nach Belieben

1. Sämtliche Zutaten für den Ansatz verrühren. Ofen 10 Minuten auf 50 Grad vorheizen. Ofen abschalten. Schüssel mit einem Teller decken. Auf unterstem Einschub in den Ofen stellen. Für eine konstante Temperatur von 30 Grad eine Glühbirne auf einem Sockel montieren. Neben die Teigschüssel in den Ofen stellen. Die Glühbirne wird von außerhalb des Ofens mit Strom gespeist. Kabel in der geschlossenen Ofentür einklemmen.
2. Am nächsten Morgen soll der Ansatz Poren haben und säuerlich riechen. Die Gärung ist abgeschlossen, wenn der Teig bei leichtem Anstoßen etwas zusammenfällt.
3. Restliche Zutaten zum Ansatz geben. 10 Minuten kräftig kneten. Spülbecken mit warmem Wasser füllen. Teigschüssel hineinstellen. Mit einem Geschirrtuch decken. 1 Stunde oder länger gehen lassen. Der Teig soll jetzt aufgegangen sein und voller Gärbläschen sein. Teig kurz und kräftig kneten.
4. Backfermentteig halbieren. In die gefetteten Formen füllen. Mit nassen Händen glattstreichen. Zugedeckt 1 Stunde gehen lassen.
5. Brot im vorgeheizten Ofen bei 220 Grad 50 bis 60 Minuten bakken. Brot aus der Form nehmen. Auf einem Gitter erkalten lassen.
6. Wichtig: Ansatz und Teig dürfen keinesfalls zu fest sein und auch nicht abkühlen. Das würde die Gärung behindern.
7. Varianten: Für das Backfermentbrot können auch Mehlmischungen verwendet werden (Ansatz immer mit Dinkelmehl machen), d. h. ein Teil Dinkelmehl und ein Teil Reismehl oder Hafermehl oder Maismehl oder Hirsemehl oder Grünkernmehl. Weizen, Gerste, Roggen und Buchweizen brauchen nicht mit Dinkel gemischt zu werden.

Feiner Hefeteig

(Kuchen & Co.)

Getreide mahlen: *Getreidekörner sehr fein mahlen.*
Mehlsorten: *Der Dinkelanteil sollte mindestens 60 % betragen, da für ein gutes Backergebnis ein hoher Kleberanteil notwendig ist.*
Teigbeschaffenheit: *Je nach Rezept kann der Teig von fest bis dickflüssig sein.*
Teigzubereitung:
1. Sämtliche Zutaten sollten Zimmertemperatur haben.
2. Hefe in wenig lauwarmem Wasser auflösen.
3. Einen festen, feuchten Teig mit warmen Händen mindestens 10 Minuten kneten und schlagen (nicht auf einer Marmorunterlage). Einen weichen, dickflüssigen Teig mit der Teig- oder Lochkelle rühren und klopfen.
4. Festen Teig in einer Schüssel bei Zimmertemperatur an einem geschützten Ort zugedeckt um das Doppelte aufgehen lassen. Dickflüssigen Teig in die gefettete Form füllen. Zugedeckt bei Zimmertemperatur an einem geschützten Ort zugedeckt um das Doppelte aufgehen lassen.
5. Der dickflüssige Teig (in der Form) ist nun backbereit. Festen Teig kurz kneten und formen. Nochmals gehen lassen.
Hefe: *Seite 37, Spalten 1 + 2.*

Weniger Hefe: *Seite 37, Spalte 2.*
Blechkuchen: *Süße Hefeteige von mittelfester Struktur eignen sich auch für Blechkuchen. Blech einfetten. Hände mehlen. Teig in die Form drücken und mit den Fingerspitzen so lange auseinanderziehen, bis der Teig die Größe des Bleches hat.*
Frisches Hefeteiggebäck: *Hefeteiggebäck schmeckt frisch am besten.*

Marzipanrolle

Teig
20 g Hefe
65 g/0,65 dl Sahne/Rahm, lauwarm
65 ml/0,65 dl Wasser, lauwarm
3 EL Blütenhonig
150 g Dinkel, fein gemahlen
150 g Dinkel, fein gemahlen, Kleie ausgesiebt
25 g weiche Butter
1 große Prise Meersalz
2 EL saure Sahne/Sauerrahm (35–40 % Fett)
$\frac{1}{2}$ unbehandelte Zitrone, abgeriebene Schale
50 g Rosinen
1 TL Anissamen
Füllung
100 g Mandeln, fein gerieben
4 Tropfen Bittermandelöl
100 g Blütenhonig
2 EL Rosenwasser
250 g Honigmarzipan (Reformhaus)
2 EL Orangeat
1 EL Cashewnüsse, gehackt

1. Hefe mit 2 Eßlöffeln gesiebtem Mehl in die lauwarme Flüssigkeit (Sahne und Wasser) rühren. Vorteig 15 Minuten stehen lassen.
2. Mehl mischen. Butter darunterrühren. Honig, Salz, Flüssigkeit und saure Sahne zum Mehl geben. Zu einem weichen Teig verarbeiten. 5 Minuten kneten. Restliche Zutaten in den Teig kneten. Teig an einem warmen Ort zugedeckt um das Doppelte aufgehen lassen.
3. Zutaten für die Füllung verrühren. 1 Stunde kühl stellen.
4. Teig auf bemehlter Arbeitsfläche zu einem Quadrat von 30 cm Länge ausrollen.
5. Mandelfüllung auf das Teigblatt streichen, dabei auf allen Seiten 1 cm Rand freilassen. Teigenden einschlagen. Teig aufrollen. Teigende mit Wasser einpinseln und gut andrücken.
6. Marzipanrolle mit dem Teigende unten auf ein mit Backpapier belegtes Blech legen. 30 Minuten zugedeckt gehen lassen.
7. Marzipanrolle im vorgeheizten Ofen bei 200 Grad auf mittlerem Einschub 35 Minuten backen. 10 Minuten vor Ende der Backzeit auf unterem Einschub einschieben.
8. Tips: Die Füllung kann auch für Plunderteig, Blätter- und Kuchenteig verwendet werden.
9. Variante: Für **Schnecken** Teigrolle in 2 cm dicke Scheiben schneiden. Zugedeckt 30 Minuten gehen lassen. Schnecken auf unterem Einschub im vorgeheizten Ofen bei 220 Grad 15 bis 20 Minuten backen. Noch warm mit einer Mischung aus 2 Eßlöffeln Akazienhonig, 1 Eßlöffel Zitronensaft oder Wasser einpinseln.

Abbildung rechts unten

Hefenußkranz

für eine Ring- oder Springform von ca. 22 cm Durchmesser
250 g Dinkel, fein gemahlen
200 g Dinkel, fein gemahlen, Kleie ausgesiebt
30 g Hafer, fein gemahlen
¼ TL Meersalz
20 g Hefe
150 ml/1,5 dl kohlensäurehaltiges Mineralwasser
150 g Blütenhonig
100 g weiche Butter
5–6 EL Sahne/Rahm, zum Einpinseln
wenig Akazienhonig, zum Einpinseln
1 EL Mandelblättchen, für die Garnitur
Füllung
80 g Mandeln, fein gerieben
170 g Haselnüsse, fein gerieben
1 Prise Meersalz
130 g Honig
1 unbehandelte Zitrone, abgeriebene Schale und Saft

1. Hefe mit dem Honig glattrühren. Mineralwasser dazugeben.
2. Mehl, Hefegemisch und Butter zu einem glatten Teig verarbeiten. Über Nacht zugedeckt im Kühlschrank ruhen lassen. Am nächsten Tag 1 Stunde bei Zimmertemperatur stehen lassen. Gut kneten.
3. Sämtliche Zutaten für die Füllung mischen.
4. Teig zu einem Quadrat von ca. 40 cm Länge ausrollen. In drei Teile schneiden. Jedes Teigstück mit der Füllung bestreichen, dabei rundum einen Rand freilassen. Teigstücke in Längsrichtung satt aufrollen. Teigrollen zu einem Zopf flechten.

5. Zopf in eine gefettete und gut gemehlte Ring- oder Springform (eine Tasse in die Mitte stellen) legen. Mit der Sahne einpinseln. 30 Minuten bei Zimmertemperatur gehen lassen.
6. Hefenußkranz im vorgeheizten Ofen bei 200 Grad auf unterem Einschub 40 Minuten backen. Noch heiß mit leicht verdünntem Akazienhonig einpinseln und mit Mandelblättchen bestreuen.

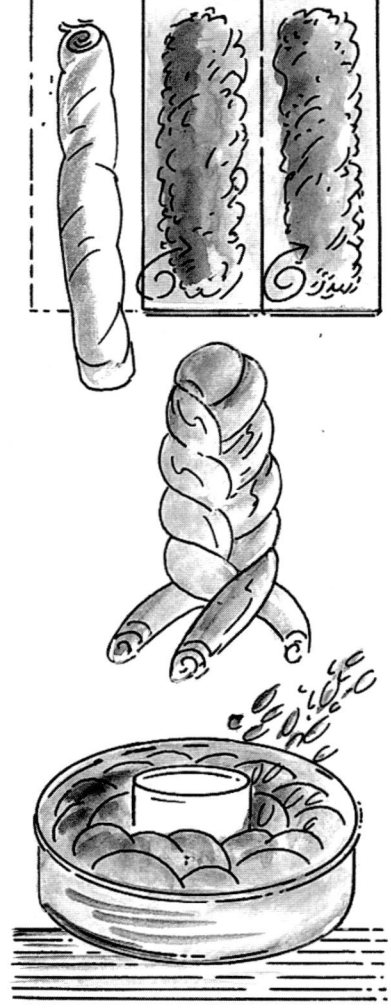

Christstollen

für 2 Christstollen
200 g Dinkel, fein gemahlen
400 g Dinkel, fein gemahlen, Kleie ausgesiebt
60 g vollfettes Sojamehl
¼ TL Kardamom, gemahlen
1 TL Zimt
60 g Hefe
50 ml/0,5 dl Wasser, lauwarm
2 TL Blütenhonig
150 g/1,5 dl Sahne/Rahm, lauwarm
150 ml/1,5 dl Wasser, lauwarm
80 g Blütenhonig
150 g Butter
1 TL Meersalz
1 Beutel Vanillezucker (Reformhaus), für den Überzug
50 g flüssige Butter, für den Überzug
Früchte-Mandel-Mischung
100 g Mandeln, gehackt
je 50 g Zitronat und Orangeat (Reformhaus)
je 150 g Rosinen und Sultaninen
1 unbehandelte Zitrone, abgeriebene Schale
5 EL Blütenhonig
6 EL Rum

1. Mandeln, Zitronat, Orangeat, Rosinen, Sultaninen, abgeriebene Zitronenschale, Honig und Rum mischen. Über Nacht ziehen lassen.
2. Hefe, Wasser (50 ml/0,5 dl) und Blütenhonig (2 TL) verrühren.
3. Mehl und Gewürze mischen. Eine Vertiefung machen. Hefe in die Vertiefung geben. Mit Mehl bestäuben. Vorteig zugedeckt 15 Minuten gehen lassen.
4. Honig, Butter und Salz in der lauwarmen Sahne-Wasser-

Mischung auflösen. Zum Vorteig geben. Zu einem Teig zusammenfügen und so lange kneten, bis er weich und geschmeidig ist. Zugedeckt mindestens 60 Minuten gehen lassen. Der Teig soll das doppelte Volumen haben. Kurz kneten.

5. Teig 2 cm dick ausrollen. Abgetropfte Früchte-Mandel-Mischung darauf verteilen. Teig aufrollen. Ganz kurz kneten, damit sich die Füllung gut verteilt.

6. Teig halbieren. 2 längliche Laibe formen. Zugedeckt 20 Minuten gehen lassen. Mit einem Holzlöffelstiel bei jedem Laib in der Mitte in Längsrichtung eine Vertiefung drücken. Teig auf eine Seite flach rollen. Das flache Teigstück nach oben klappen und festdrücken.

7. Christstollen auf einem mit Backpapier belegten Blech zugedeckt 3 Stunden gehen lassen.

8. Christstollen im vorgeheizten Ofen bei 180 Grad auf mittlerem Einschub 50 Minuten backen. Im ausgeschalteten Ofen 5 Minuten ruhen lassen. Noch heiß mit der Mischung aus flüssiger Butter und Vanillezucker einpinseln. Auskühlen lassen. Gut eingewickelt in Alufolie 2 Wochen lagern. Vor dem Anschneiden mit einer Mischung aus ½ Eßlöffel Marantamehl und ½ Eßlöffel Vanillezucker bestreuen.

9. Variante: Aus 200 g Honigmarzipan (Reformhaus) eine Rolle formen. Rolle in die Vertiefung legen (Punkt 6) und das flache Teigstück nach oben klappen und festdrücken.

Blechteig – Blechkuchen mit Äpfeln

für ein großes rechteckiges Kuchenblech (ca. 38 x 35 cm)
1 Portion Blechteig (Seite 54)
1,5 kg Boskop
Zitronensaft
4 EL Rosinen
4 EL Rum
1 Beutel Vanillezucker (Reformhaus)
Zimtpulver
3 EL Mandelstäbchen
Mandelkruste
100 g Butter
100 g Blütenhonig
1 Prise Meersalz
1 EL Kirsch oder Rum
100 g Mandeln, gehackt

1. Rosinen im Rum einlegen.

2. Form einfetten. Teig in die Form legen und mit gemehlten Händen vorsichtig so lange immer wieder leicht dehnen, bis er Blechgröße hat.

3. Äpfel schälen, halbieren, Kerngehäuse entfernen, in Spalten schneiden. Früchte mit Zitronensaft beträufeln, damit sie sich nicht braun verfärben.

4. Äpfel auf den Teigboden verteilen. Rosinen, Mandelstäbchen, Vanillezucker und Zimt darüberstreuen. 20 Minuten gehen lassen.

5. Apfelkuchen im vorgeheizten Ofen bei 200 Grad auf mittlerem Einschub 30 Minuten backen.

6. Variante: Für die Mandelkruste Butter, Honig, Salz und Rum erwärmen. Gehackte Mandeln beigeben. Auf die rohen Früchte verteilen. 20 Minuten gehen lassen.

7. Variante: Mit Streusel (siehe Blechkuchen mit Steinfrüchten, Seite 56).

Blechteig – süßer Zopf
Blechteig – Grundteig

250 g Dinkel, fein gemahlen
300 g Dinkel, fein gemahlen, Kleie ausgesiebt
1 TL Meersalz
80 g Blütenhonig
75 g weiche Butter
20 g Hefe
50 g/0,5 dl Sahne/Rahm
250 ml/2,5 dl lauwarmes Wasser

Nußteig

Butter durch Nußmus (Reformhaus) ersetzen
1–2 unbehandelte Zitronen oder Orangen, abgeriebene Schale
50 g Zitronat oder Orangeat (Reformhaus)
übrige Zutaten: siehe Grundteig

Schokoladeteig

60 g Bitterschokolade, in Würfelchen
übrige Zutaten: siehe Grundteig

1. Hefe in wenig Wasser auflösen. Sahne und Honig verquirlen.

2. Sämtliche Zutaten in eine Schüssel geben und zu einem geschmeidigen Teig kneten. 1 bis 2 Stunden zugedeckt gehen lassen. Teig abermals kneten. **Wichtig:** Jetzt die Zutaten für den Nuß- oder Schokoladeteig einkneten.

3. Teig halbieren und 2 gleich lange Rollen drehen. Zu einem Zopf flechten. Zopf auf einem mit Backpapier belegten Blech nochmals 20 Minuten gehen lassen.

4. Zopf im vorgeheizten Ofen bei 200 Grad auf mittlerem Einschub 40 Minuten backen.

5. Varianten: Für **Teigmänner/ Grittibänzen** den fertigen Teig in 6 bis 8 Portionen teilen. Längliche Teigstücke von ca. 15 cm Länge formen. Durch Einschneiden mit der Schere Kopf, Arme und Beine formen. 20 Minuten gehen lassen. Backzeit ca. 30 Minuten bei 200 Grad. Für einen **Dreikönigskuchen** aus dem Teig eine große Kugel und 6 bis 8 kleinere Kugeln formen. In einer kleinen Kugel eine große weiße Bohne oder eine Nuß ‹verstecken›. Große Kugel in das Blech legen. Kleine Kugeln rundum anpressen. Kuchen 30 Minuten gehen lassen. Mit einer Mischung aus Sahne und einigen Tropfen Öl einpinseln. Mit Mandelblättchen bestreuen. Dreikönigskuchen im vorgeheizten Ofen bei 200 Grad auf unterem Einschub ca. 35 Minuten backen. Für **Brezel** aus dem Teig 20 Portionen machen. Aus jedem Teigstück eine Rolle von 35–40 cm drehen, die in der Mitte etwas dicker ist. Direkt auf dem mit Backpapier belegten Blech Brezel formen. Backzeit ca. 20 Minuten bei 200 Grad. Für **Brötchen** den Teig in 20 Portionen teilen. Aus jedem Teigstück eine Kugel formen. Backzeit 25 bis 30 Minuten bei 200 Grad.

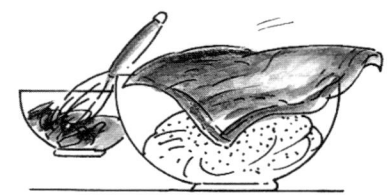

Abbildung: Teigmänner/ Gritibänzen und Brötchen aus Blechteig

Blechteig – Blechkuchen mit Steinfrüchten

für ein großes rechteckiges Kuchenblech (ca. 38 x 35 cm)

1 Portion Blechteig (Seite 54)
1,5 kg Zwetschgen oder Aprikosen
4 EL Vollkornzwieback, zerstoßen
Streusel
250 g Dinkelmehl
125 g flüssige Butter
125 g Honig
1 TL Zimt

1. Blech einfetten. Teig in die Form legen (für einen knusprigen Teigboden nur die Hälfte Teig nehmen). Teig mit gemehlten Händen so lange vorsichtig immer wieder leicht dehnen, bis er Blechgröße hat. 10 Minuten ruhen lassen. Zerstoßenen Zwieback auf den Teigboden verteilen.
2. Zutaten für die Streusel zu einem Teig zusammenfügen.
3. Früchte halbieren. Stielansatz und Stein entfernen.
4. Teigboden dicht mit den halbierten Früchten (Schnittstelle oben) belegen. Streusel in kleinen Stücken auf die Früchte verteilen. 20 Minuten gehen lassen.
5. Früchtekuchen im vorgeheizten Ofen bei 180 Grad in der Mitte 45 Minuten backen.
6. Variante: Die rohen Früchte nach Belieben mit grob geraspelten Mandeln und Butterstückchen belegen, mit Streuseln oder mit einer Mandelkruste (s. Rezept Blechkuchen mit Äpfeln) überziehen.

Blechteig – Bienenstich

für ein großes rechteckiges Blech (ca. 38 x 35 cm)

1 Portion Blechteig (Seite 54)
Füllung 1
80 g Butter
120 g Blütenhonig
1 Beutel Vanillezucker (Reformhaus)
5 EL Sahne/Rahm
180 g Mandelblättchen
Füllung 2
200 g Blütenhonig
1 Prise Meersalz
125 g Butter
250 g Mandelstäbchen
8 EL Sahne/Rahm
10 Bittermandeln, fein gerieben
½ TL Vanillepulver
Vanillecreme
2 TL Butter
130 ml/1,3 dl Wasser
40 g Dinkel, fein gemahlen
1 Prise Meersalz
80 g Butter
90 g Akazienhonig
½ TL Vanillepulver
1 EL Vanillezucker (Reformhaus)
200 g/2 dl Sahne/Rahm

1. Für die Füllung (Variante 1) Butter schmelzen. Honig, Sahne und Vanillezucker dazugeben. Erwärmen. Mandeln beigeben. Auskühlen lassen.
2. Für die Füllung (Variante 2) Butter und Honig erwärmen. Mandeln beigeben. Vorsichtig karamelisieren. Sahne, Bittermandeln und Vanillepulver darunterrühren. Auskühlen lassen.
3. Blech einfetten. Teig in die Form legen und mit gemehlten Händen vorsichtig so lange immer wieder leicht dehnen, bis er Blechgröße hat.

4. Mandelfüllung gleichmäßig auf den Teigboden verteilen. 20 Minuten gehen lassen. Bienenstich im vorgeheizten Ofen bei 180 Grad auf mittlerem Einschub 30 Minuten backen.
5. Für die Vanillecreme Butter (2 TL) schmelzen. Mehl, Salz und Wasser dazugeben. Zu einem dicken Brei kochen. Erkalten lassen. Butter, Honig, Vanillepulver und Vanillezucker schaumig schlagen. Die Honigmischung wie für eine Mayonnaise eßlöffelweise mit dem Schneebesen oder mit dem Stabmixer unter den Brei rühren. Creme durch ein Sieb streichen. Schlagsahne darunterziehen. Vanillecreme kühl stellen.
6. Vanillecreme separat servieren oder Bienenstich damit füllen. Dafür erkalteten Bienenstich portionieren. Stücke waagrecht halbieren. Auf den Boden die Vanillecreme streichen. Deckel daraufsetzen.
7. Schnelle Vanillecreme: 1 Beutel Vanillepudding (Reformhaus) mit Sojamilch anrühren. Erkalten lassen. Mit Schlagsahne mischen.

Abbildung Seite 51 oben

Blechteig – Nußgipfel

1 Portion Blechteig (Seite 54)

Füllung 1

150 g Haselnüsse, gerieben
100 g Blütenhonig
1 Prise Meersalz
1 EL Kakao oder Carobe
50 g Nußmus (Reformhaus)
100 g/1 dl saure Sahne/Sauerrahm (35–40 % Fett)

Füllung 2

300 g Haselnüsse, gerieben
80 g Blütenhonig
1 Prise Meersalz
1 Zitrone, Saft
Sahne/Rahm

1. Für die Füllung 2 soviel Sahne beifügen, bis die Masse streichfähig ist.

2. Teig rondellenförmig 5 mm dick ausrollen. Kuchenstücke schneiden. 1 gehäuften Teelöffel Füllung auf die Teigrundung geben. Teigstück von der Rundung zur Spitze hin aufrollen. Gipfel formen. Nußgipfel 20 Minuten gehen lassen.

3. Nußgipfel im vorgeheizten Ofen bei 200 Grad auf mittlerem Einschub 20 Minuten backen. Noch warm mit einer Mischung aus 20 g flüssiger Butter und 1 Eßlöffel Honig einpinseln.

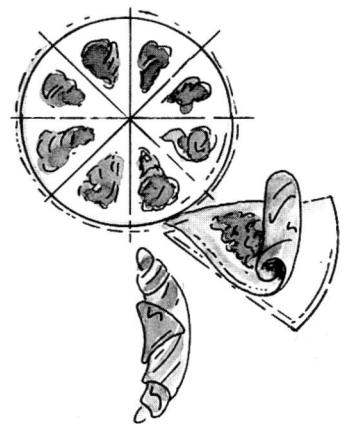

Blechteig – Mandelstreuselkuchen

für ein großes rechteckiges Blech (ca. 38 x 35 cm)
1 Portion Blechteig (Seite 54)

Streusel

250 g Dinkel, fein gemahlen
125 g Blütenhonig
1 Beutel Vanillezucker
125 g Butter, flüssig

Belag

150 g/1,5 dl Sahne/Rahm
150 g Mandelblättchen
80 g Blütenhonig
1 TL Vanillepulver

1. Streuselzutaten mischen. 30 Minuten kühl stellen.

2. Zutaten für den Belag aufkochen. Auskühlen lassen.

3. Blech einfetten. Teig in das Blech legen und mit gemehlten Händen vorsichtig so lange immer wieder leicht dehnen, bis er Blechgröße hat.

4. Mandelbelag auf den Teigboden verteilen. Streusel von Hand portionenweise auf den Belag bröseln. 20 Minuten gehen lassen.

5. Kuchen im vorgeheizten Ofen bei 200 Grad auf mittlerem Einschub ca. 25 Minuten backen.

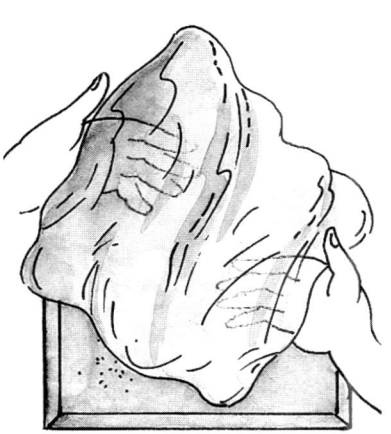

Blechteig – Rosettenkuchen

für eine große Springform
1 Portion Blechteig (Seite 54)
180 g Haselnüsse, gerieben
60 g Honig
65 g Sultaninen
150 g Äpfel, geraspelt
2–3 EL Sahne/Halbrahm
2–3 EL Orangensaft

1. Sämtliche Zutaten für die Füllung mischen. So viel Orangensaft beigeben, bis die Masse streichfähig ist.

2. Teig auf gemehlter Arbeitsfläche 1 cm dick ausrollen.

3. Füllung auf den Teig streichen. Auf allen Seiten 1 cm Rand frei lassen. Teig in Längsrichtung satt einrollen. Teigrolle in 4 cm dicke Stücke schneiden. Teigrondellen mit der Schnittseite oben in eine gefettete Springform stellen. 20 Minuten gehen lassen.

4. Rosettenkuchen im vorgeheizten Ofen bei 180 Grad auf mittlerem Einschub ca. 40 Minuten backen. Noch warm mit einer Mischung aus 1 Eßlöffel dickflüssigem Honig und 1 Eßlöffel Orangensaft einpinseln. Rosettenkuchen auf einem Gitter erkalten lassen.

Butterhörnchen/ Buttergipfel

für 20 Hörnchen/Gipfel	
300 g Dinkel, fein gemahlen	
300 g Dinkel, fein gemahlen, Kleie ausgesiebt	
2 EL Crème double/Doppelrahm	
2 EL Quinoa, gemahlen	
½ TL Meersalz	
2 EL Blütenhonig	
275 ml/2,75 dl lauwarmes Wasser	
40 g Hefe	
200 g kalte Butter	

1. Butter und 50 g gesiebtes Dinkelmehl zusammenfügen.

2. Dinkelmehl und Quinoa mischen. In einer großen Schüssel einen Kranz formen. Die in wenig lauwarmem Wasser gelöste Hefe in die Vertiefung geben. Mit wenig Mehl mischen. Vorteig 15 Minuten gehen lassen.

3. Restliche Zutaten, außer der Butter-Mehl-Mischung, zum Vorteig geben. Zu einem elastischen Teig kneten. Teig zugedeckt um das Doppelte aufgehen lassen.

4. Teig 1 cm dick ausrollen. Die Hälfte der Butter-Mehl-Mischung auf den Teig streichen. Teig zuerst auf der einen Schmalseite, dann auf der anderen ⅓ einschlagen. Der Teig besteht nun aus 3 Lagen. Diesen Vorgang (ausrollen und falten) so lange wiederholen, bis der Teig die Butter ganz aufgenommen hat. Mit der restlichen Butter-Mehl-Mischung gleich verfahren.

5. Teig 10 Minuten kühl stellen. Abermals ausrollen und falten (siehe Punkt 4). 10 Minuten kühl stellen. Ein letztes Mal ausrollen und falten. 10 Minuten kühl stellen.

6. Teig zu einem Rechteck von 50 x 30 cm ausrollen. Zwei Strei-

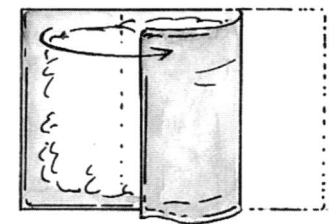

fen von 15 cm Breite schneiden. Aus jedem Teigstreifen 10 spitzwinklige Dreiecke schneiden (siehe Zeichnung). Dreiecke von der breiten Seite her aufrollen. Hörnchen/Gipfel formen.

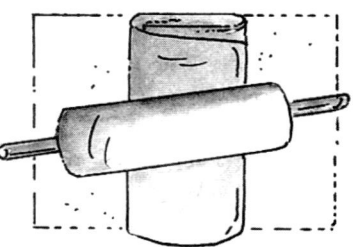

7. Hörnchen auf ein mit Backpapier belegtes Blech legen. 20 Minuten gehen lassen. Mit Sahne/Halbrahm einpinseln.

8. Hörnchen im vorgeheizten Ofen bei 200 Grad auf unterem Einschub 25 Minuten backen. Den Ofen während des Backens einen Spalt breit offen lassen.

9. Variante: Für **Brioches** den Teig zu einer langen Rolle drehen. Rolle in 20 Teile schneiden. Bei jedem Teigstück ¼ wegschneiden. Aus dem großen und dem kleinen Teigstück je eine Kugel formen. Große Kugeln in gefettete Portionenförmchen setzen. In die Mitte der Kugel eine Vertiefung drücken. Kleine Kugel in die Vertiefung setzen. 20 Minuten gehen lassen. Mit einer Mischung aus Sahne/Wasser einpinseln. Backen: siehe Punkt 7.

10. Tip: Butterhörnchen/-gipfel und Brioches schmecken frisch am besten. Das Gebäck eignet sich auch zum Tiefgefrieren.

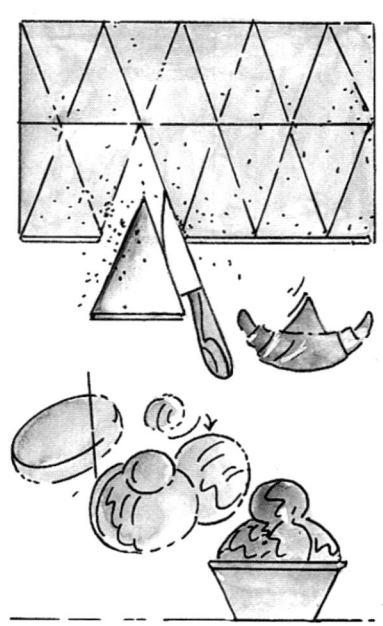

Haferkuchen mit Streusel

für ein Blech von 28 cm Durchmesser

Teig

125 g Dinkel, fein gemahlen
125 g Dinkel, fein gemahlen, Kleie ausgesiebt
100 g Hafer, fein gemahlen
1 große Prise Meersalz
2 EL feine Haferflocken
20 g Hefe
200 ml/2 dl lauwarmes Wasser
120 g Blütenhonig
25 g Kuzu
2 g Agar-Agar-Pulver
4 EL kohlensäurehaltiges Mineralwasser
100 g/1 dl Sahne/Rahm
80 g weiche Butter
2 EL Mandelstäbchen, für die Garnitur

Streusel, Grundrezept

150 g Dinkel, fein gemahlen
1 Beutel Vanillezucker (Reformhaus)
1 Prise Meersalz
75 g Blütenhonig
75 g flüssige Butter

Streusel mit Rohzucker

80–100 g Rohzucker
175 g Dinkel, fein gemahlen
1 Prise Meersalz
1 TL Zimt- oder Vanillepulver
125 g flüssige Butter

Streusel mit Haferflocken

50 g gequetschte feine Haferflocken
150 g Dinkel, fein gemahlen
100 g Honig oder Rohzucker
1 Prise Meersalz
125 g weiche Butter
1 TL Vanillezucker (Reformhaus)
1 TL Zimt

1. Hefe im lauwarmen Wasser auflösen.

2. Kuzu und Agar-Agar-Pulver im Mineralwasser auflösen.

3. Mehl und aufgelöste Hefe mischen. Restliche Zutaten bis auf die Butter zum Mehl geben. Butter ganz am Schluß unter den Teig arbeiten. Mit einer Lochkelle kräftig rühren. Teig zugedeckt um das Doppelte aufgehen lassen.

4. Teig im gut gefetteten und gemehlten Blech mit einem nassen Gummispachtel gleichmäßig ausstreichen. Zugedeckt 1 Stunde gehen lassen.

5. Für das **Streuselgrundrezept** Mehl, Vanillezucker, Meersalz und Honig mischen. So viel flüssige Butter mit der Gabel darunterarbeiten, bis sich kleine Klümpchen bilden. – Für die **Haferstreusel** Haferflocken, Mehl, Salz, Honig, weiche Butter und Gewürze mit der Gabel mischen, bis sich kleine Klümpchen bilden. 1 Stunde kühl stellen. – Für die **Streusel mit Rohzucker** Mehl, Zucker und Gewürze mischen. Butter darüberträufeln. Mit einer Gabel mischen, so daß sich kleine Klümpchen bilden.

6. Teigboden mit Sahne einpinseln. Streusel darauf verteilen. Die Mandelstäbchen darüberstreuen.

7. Streuselkuchen im vorgeheizten Ofen bei 200 Grad auf unterem Einschub 30 Minuten bakken.

Kirschenroulade

für eine Kastenform/Cakeform von 30 cm Länge
150 g Dinkel, fein gemahlen
150 g Dinkel, fein gemahlen, Kleie ausgesiebt
1 Prise Meersalz
20 g Hefe
50 g Blütenhonig
30 g Butter
100 g/1 dl Sahne/Halbrahm
50 g Haselnüsse, gehackt
3 EL Kirsch
650 g süße schwarze Kirschen, entsteint (ca. 500 g gekochte Früchte)
125 ml/1,25 dl Kirschensaft (von den Kirschen)

1. Kirschen mit 3 Eßlöffeln Wasser aufkochen. Früchte abgießen. Saft auffangen.
2. Hefe im Honig auflösen. Kirschensaft (125 ml/1,25 dl) dazugeben.
3. Mehl mischen und eine Vertiefung machen. Aufgelöste Hefe in die Vertiefung geben. Mit Mehl bestäuben. Vorteig bei Zimmertemperatur zugedeckt 15 Minuten gehen lassen.
4. Butter und Sahne erwärmen. Zusammen mit den Nüssen und dem Kirsch zum Vorteig geben. Zu einem elastischen Teig verarbeiten. Zugedeckt um das Doppelte aufgehen lassen.
5. Form mit Backpapier auskleiden.
6. Teig zu einem Rechteck ausrollen, das von der Länge her in die Kastenform paßt. Gut abgetropfte Kirschen auf den Teig verteilen. Rundum 2 cm Rand frei lassen. Teig aufrollen. Roulade in die Form legen. Zugedeckt 20 Minuten gehen lassen.
7. Ofen 10 Minuten bei 250 Grad vorheizen. Auf 200 Grad zurückschalten. Kirschenroulade auf zweituntersten Einschub 40 Minuten backen.

Blechteig – Nußzopf

1 Portion Blechteig (Seite 54)
Füllung
200 g Haselnüsse, gerieben
2 EL Kakao oder Carob
200 g Blütenhonig
1 Prise Meersalz
3 EL Rum
Sahne/Rahm, zum Verdünnen

1. Die Zutaten für die Füllung mischen.
2. Teig in 2 Portionen teilen. Beide Teighälften zu einem Rechteck ausrollen. Füllung auf die Rechtecke streichen. Teig in Längsrichtung satt einrollen. Teigrollen mit dem Teigende unten auf ein mit Backpapier belegtes Blech legen. Die beiden Rollen locker zu einem Zopf schlingen. Teigenden gut zusammendrücken. Zopf 20 Minuten gehen lassen.
3. Zopf im vorgeheizten Ofen bei 200 Grad auf mittlerem Einschub ca. 45 Minuten backen. Noch heiß mit einer Mischung aus 20 g flüssiger Butter und 1 Eßlöffel Honig einpinseln. Zopf auf einem Gitter erkalten lassen.

Blechteig – Butterkuchen

für ein großes rechteckiges Blech (ca. 38 x 35 cm)
1 Portion Blechteig (Seite 54)
250 g Butter
2 Beutel Vanillezucker (Reformhaus)
½ TL Vanillepulver
3 EL Mandelblättchen

1. Blech einfetten. Hände mehlen. Teig in die Form legen und mit gemehlten Händen vorsichtig so lange immer wieder leicht dehnen, bis er Blechgröße hat.
2. Butter in Scheiben schneiden. Gleichmäßig auf den Teigboden verteilen. 20 Minuten gehen lassen. Vanillezucker und Mandelblättchen darüberstreuen.
3. Butterkuchen im vorgeheizten Ofen bei 200 Grad auf mittlerem Einschub 30 Minuten backen.

Blechteig – Streuselkuchen

für ein großes rechteckiges Blech (ca. 38 x 35 cm)
1 Portion Blechteig (Seite 54)
2 Portionen Streusel mit Haferflocken (Seite 60)

1. Blech einfetten. Hände mehlen. Teig in die Form legen und mit gemehlten Händen vorsichtig solange immer wieder leicht dehnen, bis er Blechgröße hat.
2. Streusel gleichmäßig auf den Teigboden verteilen. 20 Minuten gehen lassen.
3. Streuselkuchen im vorgeheizten Ofen bei 200 Grad auf mittlerem Einschub 25 Minuten backen.

Hefegugelhupf

*für eine Gupfelhupfform
von 2 Liter Inhalt*

150 ml/1,5 dl kohlensäurehaltiges Mineralwasser
25 g Kuzu
6 g Agar-Agar-Pulver
100 g Blütenhonig
40 g Hefe
80 g Dinkel, fein gemahlen
420 g Dinkel, fein gemahlen, Kleie ausgesiebt
20 g vollfettes Sojamehl
1 große Prise Meersalz
250 g weiche Butter, in Stücken
200 g Rosinen
5 EL Rum
100 g Mandelstäbchen

1. Rosinen einige Stunden im Rum einlegen.
2. Kuzu und Agar-Agar im Mineralwasser auflösen.
3. Hefe im Honig auflösen.
4. Mehl, Salz und Butter mischen. Übrige Zutaten, außer den Rosinen und den Mandeln, unter das Mehl rühren. Teig im Kühlschrank zugedeckt 4 Stunden gehen lassen. Gut kneten. Weitere 4 Stunden im Kühlschrank gehen lassen. Oder: Teig zuerst 1 Stunde bei Zimmertemperatur gehen lassen. Teig kneten. Während der Nacht im Kühlschrank gehen lassen.
5. Teig mehrere Male kräftig auf die Arbeitsfläche schlagen, damit alle im Teig noch vorhandene Luft herausgearbeitet wird. So wird das Gebäck lockerer. Teig zu einem Rechteck von 2 cm Dicke ausrollen. Rosinen und Mandeln auf den Teig verteilen. Teig von der Längsseite her locker aufrollen. Teigrolle kranzförmig in die gefettete Gugelhupfform legen. Zugedeckt 1 Stunde gehen lassen.
6. Gugelhupf im vorgeheizten Ofen bei 180 Grad auf unterem Einschub 50 bis 60 Minuten backen. In der Form 10 Minuten abkühlen lassen. Gugelhupf auf ein Gitter stürzen. Noch warm mit einem Gemisch aus ½ Eßlöffel Vanillezucker und ½ Eßlöffel Marantamehl bestreuen. Ganz frisch oder lauwarm servieren.
7. Varianten (Ersatz für Rosinen und Mandeln): 100 g Rosinen und je 50 g Orangeat und Zitronat – 200 g Honigmarzipan (Reformhaus) mit je 60 g/0,6 dl Sahne/Halbrahm und Wasser verrühren und mit 100 g grob gehackten Nüssen mischen – 1 Portion Nußgipfel-Mischung (Seite 54) mit 4 Eßlöffeln Rum und 3 Eßlöffeln Mandelstäbchen mischen.

Abbildung nebenan

Buchweizen-Gugelhupf

*für eine Gupfelhupfform
von 2 Liter Inhalt*

40 g Hefe
125 ml/1,25 dl lauwarmes Wasser
400 g Dinkel, fein gemahlen, Kleie ausgesiebt
30 g vollfettes Sojamehl
100 g Buchweizen, fein gemahlen
180 g Rosinen
5 EL Rum
1 Prise Meersalz
je 25 g Orangeat und Zitronat (Reformhaus)
1 unbehandelte Zitrone, abgeriebene Schale
50 g/0,5 dl Sahne/Halbrahm
150 ml/1,5 dl Wasser
1 EL Marantamehl
150 g flüssige Butter
250 g Blütenhonig
15 Mandeln, geschält, für die Form

Zum Bestäuben

1 KL Marantamehl
1 KL Vanillezucker (Reformhaus)

1. Mehl in einer Schüssel mischen. Eine Vertiefung machen. Die im Wasser aufgelöste Hefe in die Vertiefung geben. Mit dem Mehl decken. Vorteig 60 Minuten gehen lassen. Nicht rühren.
2. Rosinen 60 Minuten im Rum einlegen.
3. Butter und Blütenhonig verrühren.
4. Sämtliche Zutaten zum Vorteig geben. Teig kräftig bearbeiten. Zugedeckt an einem warmen Ort um das Doppelte aufgehen lassen.
5. Gugelhupfform einfetten. Mandeln auf den Boden der Form verteilen. Teig einfüllen. Glattstreichen. Zugedeckt 30 Minuten gehen lassen.
6. Gugelhupf im vorgeheizten Ofen bei 180 Grad auf unterem Einschub ca. 50 Minuten backen.
7. Lauwarmen Gugelhupf mit der Mischung aus Marantamehl und Vanillezucker bestäuben (durch ein Sieb streichen).
8. Variante: Kuchen in einer Kranzform backen. Nach dem Erkalten waagrecht halbieren. Mit Schlagsahne/-rahm (200 g/ 2 dl) und frischen Beeren (400 g) füllen.

Abbildung: Hefegugelhupf mit Nußfüllung (hinten), mit Rosinen-Orangeat-Zitronat-Füllung (vorn)

Backpulverteig

Getreide: Das Getreide, z.B. der Dinkel, sollte nicht zu frisch sein. Einjähriger Dinkel eignet sich am besten.

Getreide mahlen: Getreide nicht auf Vorrat mahlen. Je feiner das Mehl, um so besser sind die Quell- und Backeigenschaften. Das Fertigprodukt aus dem Reformhaus (z.B. Dinkelmehl) ist oft nicht fein genug gemahlen. Wer keine Getreidemühle besitzt, läßt sich das Mehl am besten im Reformhaus frisch mahlen.

Zutaten abwägen: Eine Küchenwaage ist oft zum Abwägen von kleinen Mengen (z.B. Agar-Agar-Pulver) zu ungenau. Gute Dienste leistet hier eine Briefwaage.

Backen: Ein Backpulverteig wird normalerweise bei 180 Grad gebacken. Da je nach Backofen Temperaturschwankungen möglich sind, empfiehlt es sich, die Stäbchenprobe zu machen. Bei trockenem, sauberem Stäbchen ist der Kuchen fertig gebacken. Bei Teigspuren braucht der Kuchen noch etwas länger. Abermals Probe machen. Kuchen eventuell gegen den Schluß mit Backpapier decken, damit er nicht zu dunkel wird.

Teigbeschaffenheit: Der Teig für Kastenkuchen/Cakes und Kuchen/Torten soll in langen Zapfen von der Holzkelle abreißen. Wenn er zu schwer ist (bleibt an der Holzkelle hangen), Mineralwasser eßlöffelweise unter den Teig rühren. Rutscht der Teig gleich von der Holzkelle, dann ist er zu dünn. In diesem Fall etwas gesiebtes Dinkelmehl dazugeben.

Teig rühren: Nicht unnötig lang rühren, da der Teig sonst ‹käsig› wird.

Kirschenkuchen

für eine flache Kuchenform von 28 cm Durchmesser

800–900 g entsteinte Kirschen
150 g Blütenhonig oder 100 g Blütenhonig bei sehr süßen Früchten
1 großes Stück Zitronenschale
1 Prise Meersalz
20 g Kuzu
2 g Agar-Agar-Pulver
2 EL Wasser
1 EL Kirsch
Teig
150 g Mascarpone
5 EL Sonnenblumenöl
80 g Blütenhonig
1 Beutel Vanillezucker
2 g Agar-Agar-Pulver
1 Prise Meersalz
160 g Dinkel, fein gemahlen, Kleie ausgesiebt
150 g Dinkel, fein gemahlen
1 Beutel Weinsteinbackpulver
2 EL Vollkornzwieback, zerstoßen, für die Form
2 EL Tapioca, zum Bestreuen des Teigbodens

1. Kuzu und Agar-Agar-Pulver im Wasser und Kirsch auflösen.
2. Kirschen, Honig, Salz und Zitronenschale aufkochen. Kuzumischung dazugeben. 2 Minuten köcheln lassen. Von der Wärmequelle nehmen. 3 Stunden stehen lassen. Zitronenschale entfernen.
3. Für den Teig Mascarpone, Öl, Honig, Vanillezucker, Agar-Agar-Pulver und Salz verrühren. Das mit dem Backpulver gemischte Mehl löffelweise unter die Masse rühren. Teig kurz kneten. Eventuell 1 bis 2 Eßlöffel Mehl zusätzlich dazugeben.
4. Gefettete Kuchenform mit den Zwiebackbröseln bestreuen.

5. ²/₃ Teigmenge zwischen zwei Klarsichtfolien auf Formgröße ausrollen. Eine Klarsichtfolie entfernen. Teigrondelle vorsichtig in die Form stürzen. Zweite Klarsichtfolie entfernen.

6. Teigboden mit dem Tapioca bestreuen. Kirschenkompott darauf verteilen. Restlichen Teig ausrollen. Mit dem Teigrädchen 15 mm breite Streifen schneiden. Teigstreifen rautenförmig auf die Kirschen legen. Teigstreifen mit Sahne einpinseln.

7. Kirschenkuchen im vorgeheizten Ofen bei 200 Grad auf unterem Einschub 25 Minuten backen. In der Form erkalten lassen. Vor dem Servieren ein paar Stunden kühl stellen.

8. Tip: Bei sehr saftigen, reifen Früchten zusätzlich 10 bis 20 g Kuzu und ½ Kaffeelöffel Agar-Agar nehmen, damit der Saft besser bindet.

Kürbiskuchen

für ein Kuchenblech von 30 cm oder eine Springform von 28 cm Durchmesser
1,2 kg Kürbis
250 g/2,5 dl Sahne/Halbrahm
250 ml/2,5 dl Wasser
1 Beutel Vanillezucker (Reformhaus)
200 g Mandeln, gerieben
2 unbehandelte Zitronen, abgeriebene Schale
1 Beutel Weinsteinbackpulver
200–250 g fester Blütenhonig
30 g Kuzu
10 g Agar-Agar-Pulver
4 EL Kirsch
100 Vollkorngrieß

1. Kuchenblech oder Springform mit 2 Lagen Backpapier auskleiden.

2. Kürbis schälen. Grobe Fasern und Kerne entfernen. Kürbis grob raspeln. In ein Tuch einschlagen und möglichst viel Flüssigkeit auspressen. Die Kürbismasse soll noch 900 g wiegen.

3. Kürbis, Sahne und Wasser auf kleinem Feuer 20 Minuten köcheln lassen.

4. Kuzu und Agar-Agar im Kirsch auflösen.

5. Sämtliche Zutaten unter die Kürbismasse rühren. In die Form füllen.

6. Kürbiskuchen auf unterstem Einschub in den kalten Ofen schieben. Bei 200 Grad ca. 60 Minuten goldgelb backen. In der Form auskühlen lassen. Vor dem Servieren mindestens 1 Stunde kühl stellen. Nach Belieben mit Vanillezucker bestreuen.

Zitronenkuchen

für eine Springform
von 22 cm Durchmesser

25 g Kuzu
6 g Agar-Agar-Pulver
50 ml/0,5 dl kohlensäurehaltiges Mineralwasser
70 ml/0,7 dl Limettensaft
80 g weiche Butter
250 g Blütenhonig
1 Prise Meersalz
50 g Mandeln, fein gerieben
100 g Rundkorn-Vollreismehl
150 Dinkel, fein gemahlen, Kleie ausgesiebt
1 Beutel Weinsteinbackpulver
100 g Crème double/ Doppelrahm

Guß

1 Limette, Saft
½ Orange, Saft
100–120 g Akazienhonig
2 g Agar-Agar-Pulver

Belag

100 ml/1 dl Wasser
100 g Blütenhonig
1 Msp Agar-Agar-Pulver
1 unbehandelte Limette, in dünnen Scheiben
½ unbehandelte Orange, in dünnen Scheiben

1. Boden der Springform mit Backpapier belegen. Rand einfetten.
2. Kuzu und Agar-Agar im Mineralwasser und Limettensaft auflösen.
3. Crème double und Mineralwassermischung verquirlen.
4. Salz, Mandeln, Mehl, Reismehl und Backpulver mischen.
5. Butter und Honig schaumig rühren.
6. Sämtliche Zutaten unter die Mehlmischung rühren. Teig mindestens 10 Minuten stehen lassen.
7. Für den Guß Limetten- und Orangensaft und Agar-Agar 1 Minute köcheln lassen. Den warmen Fruchtsaft zum Honig rühren. 1 Stunde stehen lassen.
8. Teig in die Form füllen. Glattstreichen. Im vorgeheizten Ofen bei 180 Grad 50 bis 60 Minuten backen. In der Form erkalten lassen.
9. Kuchen samt Backpapier aus der Form nehmen. Mit einem dünnen Holzstäbchen dicht einstechen. Erkalteten Guß gleichmäßig über den Kuchen gießen.
10. Für die Garnitur Wasser, Agar-Agar und Honig aufkochen. Limetten- und Orangenscheiben dazugeben. Auf mittlerem Feuer 10 Minuten köcheln lassen. Zitronenkuchen mit den erkalteten Fruchtscheiben garnieren.

Weicher Dreikornlebkuchen

für eine Springform
von 24–26 cm Durchmesser

200 g Blütenhonig
1 EL Lebkuchengewürz
1 Prise Meersalz
125 g/1,25 dl Sahne/Rahm
75 ml/0,75 dl kohlensäurehaltiges Mineralwasser
50 g flüssige Butter
50 g Hafer, fein gemahlen
100 g Amaranth, fein gemahlen
200 g Dinkel, fein gemahlen, Kleie ausgesiebt
2 KL Natron
150 ml/1,5 dl kochendes Wasser

Glasur

2 EL Akazienhonig
1–2 EL Kirsch

1. Boden der Form mit Backpapier belegen. Rand gut einfetten.
2. Natron im kochenden Wasser auflösen.
3. Honig, Lebkuchengewürz, Salz, Sahne und Mineralwasser mit dem Schneebesen verquirlen. Butter und Mehl darunterrühren. Das im kochenden Wasser aufgelöste Natron unter den Teig rühren. Teig in die Form füllen. Glattstreichen.
4. Lebkuchen im vorgeheizten Ofen bei 180 Grad auf unterem Einschub 60 Minuten backen. Nach 10 Minuten aus der Form nehmen. Noch warm mit der Mischung aus Honig und Kirsch einpinseln. Auf einem Gitter erkalten lassen.
5. Tip: Mit frischer Butter oder Schlagsahne/-rahm servieren.

Abbildung rechts

Roulade
mit Himbeerfüllung

Biskuit

15 g vollfettes Sojamehl
90 g Dinkel, fein gemahlen, Kleie ausgesiebt
30 g Marantamehl
1 TL Weinsteinbackpulver
1 Prise Meersalz
1 EL Sesamsamen
120 g Blütenhonig
100 ml/1 dl Sojamilch
2 EL kohlensäurehaltiges Mineralwasser

Füllung

200 g/2 dl Schlagsahne/-rahm
1 Maßbecher Nesvital oder Biobin
1 EL Akazienhonig
250 g Himbeeren

Garnitur

100 g/1 dl Schlagsahne/-rahm
12 Himbeeren
Zitronenmelisse

1. Blech mit Backpapier belegen. Leeres Blech in dem auf 220 Grad vorgeheizten Ofen 5 Minuten erwärmen. Wenn das Blech warm ist, läßt sich die Biskuitmasse besser verteilen.

2. Für das Biskuit sämtliche Zutaten mit dem Stabmixer oder dem Schneebesen glattrühren.

3. Biskuitmasse im warmen Blech mit dem Gummispachtel zu einem Rechteck von ca. 28 x 32 cm ausstreichen.

4. Biskuit im vorgeheizten Ofen bei 220 Grad auf zweitunterstem Einschub 7 Minuten backen.

5. Biskuit auf ein Geschirrtuch stürzen. Mit dem umgekehrten Blech decken. Nach 5 Minuten das Backpapier entfernen. Wieder mit dem umgekehrten Blech decken. Völlig erkalten lassen.

6. Für die Füllung Nesvital und Akazienhonig unter die Sahne rühren. Sahne mit den Himbeeren mischen.

7. Himbeer-Sahne-Füllung regelmäßig auf das Biskuit verteilen. Biskuit aufrollen.

8. Für die Garnitur Schlagsahne in einen Spritzbeutel mit Sterntülle füllen. Roulade mit 12 Sahnerosetten garnieren. Auf jede Rosette eine Himbeere und ein Zitronenmelissenblättchen setzen.

9. Variante: Mit Buttercreme (Rezept Seite 122) füllen und überziehen.

Früchtebrot

für eine Kastenform von 28 cm Länge
25 g Kuzu
8 g Agar-Agar-Pulver
150 ml/1,5 dl Apfelsaft
250 g getrocknete Feigen, klein geschnitten
250 g getrocknete Aprikosen, klein geschnitten
1 Prise Meersalz
150 g Mandeln, gehackt
100 g Haselnüsse
1 gehäufter TL Zimt
100 g Dinkel, fein gemahlen
25 g Dinkel, fein gemahlen, Kleie ausgesiebt
1 Beutel Weinsteinbackpulver
100 g Blütenhonig
100 ml/1 dl Sojamilch oder 100 g/1 dl Sahne/Halbrahm
50 ml/0,5 dl Kirsch

1. Form mit Backpapier auskleiden.

2. Kuzu und Agar-Agar im Apfelsaft auflösen. Getrocknete Früchte dazugeben. 10 Minuten stehen lassen. Restliche Zutaten daruntermischen. Teig in die Form füllen. Glattstreichen.

3. Früchtekuchen im vorgeheizten Ofen bei 175 Grad auf unterem Einschub 50 bis 60 Minuten backen. Rechtzeitig mit Alufolie decken, damit der Kuchen nicht zu dunkel wird.

Blütenblattbiskuit
mit Früchten

für eine Form von 24 cm Durchmesser
200 g Blütenhonig
1 unbehandelte Zitrone, abgeriebene Schale
1 Prise Meersalz
100 g flüssige Butter, ausgekühlt
250 g Dinkel, fein gemahlen, Kleie ausgesiebt
10 g vollfettes Sojamehl
4 EL kohlensäurehaltiges Mineralwasser
1 leicht gehäufter EL Weinsteinbackpulver
250 g/2,5 dl Sahne/Halbrahm
Kuzuüberzug (Seite 121)
Früchtegarnitur (Seite 122)

1. Rand und Boden der Kuchenform gut einfetten. Mit gesiebtem Mehl bestäuben.

2. Sojamehl im Mineralwasser auflösen.

3. Sämtliche Zutaten zu einem Teig zusammenfügen. Mit dem Stabmixer 1 bis 2 Minuten rühren. Teig in die Form füllen.

4. Biskuit im vorgeheizten Ofen bei 180 Grad auf unterem Einschub 30 Minuten backen.

5. Variante: Abgeriebene Zitronenschale durch 3 Eßlöffel Mandelpüree und 4 Tropfen Bittermandelöl ersetzen.

Abbildung Seite 123

Haferflocken-Zitronen-Kuchen

für eine Kastenform/Cakeform von 23 cm Länge
25 g Kuzu
8 g Agar-Agar-Pulver
150 ml/1,5 dl kohlensäurehaltiges Mineralwasser
75 g weiche Butter
180 g Blütenhonig
1 EL Vanillezucker (Reformhaus)
1 Prise Meersalz
20 g vollfettes Sojamehl
100 ml/1 dl Wasser
120 g feine Haferlocken
100 g Dinkel, fein gemahlen
150 g Dinkel, fein gemahlen, Kleie ausgesiebt
1 Beutel Weinsteinbackpulver
150 g/1,5 dl Sahne/Halbrahm
2 große unbehandelte Zitronen, abgeriebene Schale
Glasur
½ Zitrone, Saft
½–1 EL Akazienhonig

1. Form mit Backpapier auskleiden.
2. Kuzu und Agar-Agar im Mineralwasser auflösen.
3. Sojamehl im Wasser auflösen.
4. Butter, Blütenhonig, Vanillezucker und Salz schaumig rühren. Restliche Zutaten unter die Butter-Honig-Mischung heben.
5. Haferflockenteig in die Form füllen. Glattstreichen.
6. Ofen bei 250 Grad vorheizen. Nach 10 Minuten auf 180 Grad zurückschalten.
7. Haferflockenkuchen im vorgeheizten Ofen bei 180 Grad auf unterstem Einschub ca. 60 Minuten backen.
8. Kuchen nach 10 Minuten aus der Form nehmen und noch warm mit der Glasur einpinseln.

Marmelade für Kuchen und Kleingebäck

1 kg Früchte oder Beeren nach Wahl
500 g Blüten- oder Akazienhonig
Pektin (Reformhaus)

1. Früchte zerkleinern. Leicht stampfen. Früchte und Honig auf kleinem Feuer einige Minuten köcheln lassen. Geliermittel gemäß Packungsbeschrieb dazugeben.
2. Gläser mit Schraubverschluß in kochendem Wasser erwärmen.
3. Marmelade in die heißen Gläser füllen. Sofort schließen. Gläser für einige Minuten auf den Kopf stellen. Umdrehen. Abkühlen lassen.
4. Tip: Die Marmelade kann auch aus tiefgefrorenen Früchten hergestellt werden.

Marmorkuchen

*für eine Kastenform von 30 cm
Länge oder eine Gugelhupfform
von 1½ l Inhalt oder eine
Springform von 22 cm
Durchmesser*

25 g Kuzu

8 g Agar-Agar-Pulver

200 ml/2 dl
kohlensäurehaltiges
Mineralwasser

200 g weiche Butter

200 g Blütenhonig

1 TL abgeriebene Orangen-
oder Zitronenschale von
unbehandelten Früchten

150 g Dinkel, fein gemahlen

150 g Dinkel, fein gemahlen,
Kleie ausgesiebt

1 Beutel Weinsteinbackpulver

1 Prise Meersalz

50 g/0,5 dl Sahne/Halbrahm

Marmorierung

2–3 EL Kakao surfin

1 EL Instant-Getreidekaffee

2 EL Grand Marnier

1. Kuzu und Agar-Agar im Mineralwasser auflösen. 10 Minuten
stehen lassen.
2. Kakao, Getreidekaffee und
Grand Marnier verrühren.
3. Mehl, Backpulver und Salz
mischen.
4. Butter und Honig schaumig
rühren. Abgeriebene Fruchtschalen dazugeben. Mineralwasser
und Mehlgemisch abwechs-
lungsweise unter die Butter-
Honig-Mischung heben. Ganz
am Schluß die Sahne darunterrühren.
5. Die Hälfte Teig in die gut gefettete Form füllen. Kakaomischung
unter den restlichen Teig rühren.
In die Form füllen. Mit einer Gabel
im Teig für die Marmorierung krei-
sende Bewegungen machen.

6. Kuchen im vorgeheizten Ofen
bei 180 Grad auf unterem Einschub 50 bis 60 Minuten backen.
Nach einer kurzen Ruhezeit (10
Minuten) aus der Form nehmen.
7. Variante: Kakaomischung
durch 100 g gewürfelte Bitterschokolade ersetzen oder
Mischung aus Rosinen und kan-
dierten Früchten (Reformhaus),
die 30 Minuten in 2 Eßlöffeln Rum
oder Kirsch eingelegt werden.

*Abbildung rechts,
im Hintergrund*

Schokoladekuchen

*für eine Kastenform/Cakeform
von 23 cm Länge*

25 g Kuzu

8 g Agar-Agar-Pulver

150 ml/1,5 dl
kohlensäurehaltiges
Mineralwasser

75 g weiche Butter

150 g Blütenhonig

1 KL Vanillezucker
(Reformhaus)

1 Prise Meersalz

30 g Haselnüsse, gerieben

75 g Bitterschokolade,
geraspelt

150 g/1,5 dl Sahne/Halbrahm

3 EL Kirsch

170 g Dinkel, fein gemahlen

150 g Dinkel, fein gemahlen,
Kleie ausgesiebt

1 Beutel Weinsteinbackpulver

4 EL Mineralwasser

Schokoladeglasur

150 g dunkle Schokolade,
zerbröckelt

150 g/1,5 dl Sahne/Rahm

Schokoladestreusel,
nach Belieben

1. Form mit Backpapier auskle-
den.
2. Kuzu und Agar-Agar im Mineralwasser auflösen.
3. Mehl und Backpulver mischen.
4. Ofen auf 250 Grad vorheizen.
Nach 10 Minuten auf 180 Grad
zurückschalten.
5. Butter, Honig, Vanillezucker
und Salz schaumig rühren.
Übrige Zutaten darunterheben.
6. Schokoladeteig in die Form füllen. Glattstreichen.
7. Kuchen im vorgeheizten Ofen
bei 180 Grad auf unterstem Einschub ca. 60 Minuten backen.
Nach 10 Minuten aus der Form
nehmen.
8. Für die Glasur Sahne aufkochen. Von der Wärmequelle nehmen. Schokolade dazugeben.
Unter Rühren schmelzen. Kuchen
mit der ausgekühlten Glasur
überziehen. Schokoladestreusel
darüberstreuen.

*Abbildung rechts,
im Vordergrund*

Rotweinkuchen

für eine Kastenform/Cakeform von 23 cm Länge
25 g Kuzu
8 g Agar-Agar-Pulver
150 ml/1,5 dl Rotwein
100 g weiche Butter
150 g Blütenhonig
1 KL Vanillezucker (Reformhaus)
75 g Bitterschokolade, fein gehackt
¾ TL Zimt
150 g/1,5 dl Sahne/Rahm
8 EL Wasser
1 Prise Meersalz
170 g Dinkel, fein gemahlen
150 g Dinkel, fein gemahlen, Kleie ausgesiebt
1 Beutel Weinsteinbackpulver

1. Form mit Backpapier auskleiden.
2. Kuzu und Agar-Agar im Rotwein auflösen.
3. Mehl, Backpulver und Salz mischen.
4. Ofen auf 250 Grad vorheizen. Nach 10 Minuten auf 180 Grad zurückschalten.
5. Butter und Blütenhonig schaumig rühren. Vanillezucker, Schokolade, Zimt, Sahne, Rotwein und Wasser unter die Butter-Honig-Mischung rühren. Mehl darunterheben. Teig in die Form füllen. Glattstreichen.
6. Rotweinkuchen im vorgeheizten Ofen bei 180 Grad auf zweituntersten Einschub ca. 60 Minuten backen. Damit der Kuchen nicht zu dunkel wird, nach 40 Minuten mit Alufolie decken.
7. Gebackenen Kuchen nach 10 Minuten aus der Form nehmen und auf einem Gitter erkalten lassen. Mit Marantamehl bestäuben (durch ein Sieb streichen).

Mandelkuchen

für eine Kastenform/Cakeform von 28 cm Länge
25 g Kuzu
8 g Agar-Agar-Pulver
150 ml/1,5 dl kohlensäurehaltiges Mineralwasser
250 g Blütenhonig
1 Zitrone, Saft
1 Prise Meersalz
80 g Mandeln, gerieben und geröstet
6 Tropfen Bittermandelöl
150 g/1,5 dl Sahne/Halbrahm
170 g Dinkel, fein gemahlen
150 g Dinkel, fein gemahlen, Kleie ausgesiebt
1 Beutel Weinsteinbackpulver
80 g flüssige Butter, lauwarm
Glasur/Garnitur
1 EL Zitronensaft
1 TL Akazienhonig
2 EL Mandelblättchen

1. Form mit Backpapier auskleiden.
2. Kuzu und Agar-Agar im Mineralwasser auflösen.
3. Ofen auf 250 Grad vorheizen. Nach 10 Minuten auf 180 Grad zurückschalten.
4. Zitronensaft und Blütenhonig gut verrühren. Übrige Zutaten nach und nach dazugeben. Ganz am Schluß die Butter unter den Mandelteig ziehen.
5. Mandelteig in die Form füllen. Glattstreichen. Mandelkuchen im vorgeheizten Ofen bei 180 Grad auf unterstem Einschub ca. 60 Minuten backen.
6. Mandelkuchen nach 10 Minuten aus der Form nehmen. Noch warm mit der Mischung aus Honig und Zitronensaft einpinseln. Mit den Mandelblättchen bestreuen.

Schokolade-Bananen-Kuchen mit Nüssen

*für eine Kastenform/Cakeform
von 28 cm Länge*

25 g Kuzu

8 g Agar-Agar-Pulver

*50 ml/0,5 dl
kohlensäurehaltiges
Mineralwasser*

100 g weiche Butter

180 g Blütenhonig

1 große Prise Meersalz

*1 unbehandelte Zitrone,
abgeriebene Schale*

2 EL Rum

500 g reife Bananen

1 EL Zitronensaft

*150 g Pecannüsse,
grob gehackt*

170 g Gerste, fein gemahlen

*150 g Dinkel, fein gemahlen,
Kleie ausgesiebt*

1 Beutel Weinsteinbackpulver

2 gehäufte EL Kakao surfin

*100 ml/1 dl kohlensäurehaltiges
Mineralwasser*

Glasur/Garnitur

1 KL Akazienhonig

einige Tropfen heißes Wasser

Schokoladestreusel

1. Form mit Backpapier auskleiden.
2. Kuzu und Agar-Agar im Mineralwasser (50 ml/0,5 dl) auflösen.
3. Mehl und Backpulver mischen.
4. Kakao im Mineralwasser (100 ml/1 dl) auflösen.
5. Bananen schälen. Fein zerdrücken. Mit dem Zitronensaft mischen.
6. Ofen auf 250 Grad vorheizen. Nach 10 Minuten auf 180 Grad zurückschalten.
7. Butter, Honig und Salz schaumig rühren. Übrige Zutaten nach

und nach daruntermischen. Teig in die Form füllen. Glattstreichen.
8. Schokolade-Bananen-Kuchen auf unterstem Einschub im vorgeheizten Ofen bei 180 Grad 60 bis 70 Minuten backen. Nach 10 Minuten Backzeit den Kuchen in Längsrichtung mit einem Messer 2 cm tief einschneiden.
9. Nach 10 Minuten aus der Form nehmen und noch warm mit der Mischung aus Akazienhonig und Wasser einpinseln. Mit den Schokoladestreuseln garnieren. Kuchen auf einem Gitter erkalten lassen.

Gerstenkuchen mit Erdnüssen

*für eine Kuchenform mit hohem
Rand von 28 cm Durchmesser*

25 g Kuzu

6 g Agar-Agar-Pulver

*50 ml/0,5 dl
kohlensäurehaltiges
Mineralwasser*

170 g Gerste, fein gemahlen

50 g Dinkel, fein gemahlen

*100 g Dinkel, fein gemahlen,
Kleie ausgesiebt*

1 Beutel Weinsteinbackpulver

1 Prise Meersalz

*200 g Sahne/1 dl Rahm und
1 dl Halbrahm*

¼ TL Vanillepulver

180 g Blütenhonig

80 g lauwarme Butter

Belag

150 g/1,5 dl Sahne/Rahm

80 g Blütenhonig

¼ TL Vanillepulver

1 KL Gerstenteig

70 g Erdnüsse (ohne Schale)

*1 EL Mandelblättchen,
für die Garnitur*

*2 Vollkorn-Zwieback, fein
zerstoßen, für die Form*

1. Form einfetten. Boden mit dem fein zerstoßenen Vollkorn-Zwieback decken.
2. Kuzu und Agar-Agar im Mineralwasser auflösen.
3. Mehl, Backpulver und Salz mischen. Übrige Zutaten, außer der Butter, mit dem Mineralwasser mischen. Zum Mehl geben und glattrühren. Ganz am Schluß die flüssige Butter unter den Gerstenteig rühren. Teig 15 Minuten ruhen lassen.
4. Teig in die Form füllen. Mit einem nassen Spachtel so ausstreichen, daß der Boden höher als der Rand ist. Teig 10 Minuten ruhen lassen.
5. Für den Belag sämtliche Zutaten aufkochen. Noch lauwarm auf den Teig verteilen.
6. Gerstenkuchen im vorgeheizten Ofen bei 200 Grad auf unterem Einschub 30 Minuten backen. Den heißen Kuchen mit den Mandelblättchen bestreuen. Kuchen in der Form erkalten lassen.
7. Variante: Erdnüsse (Belag) durch Mandelblättchen (100 g) oder andere grob gehackte Nüsse ersetzen.

Hafer-Bananen-Muffins

für 22 Muffins
25 g Kuzu
8 g Agar-Agar-Pulver
200 ml/2 dl kohlensäurehaltiges Mineralwasser
150 g Hafer, fein gemahlen
150 g Dinkel, fein gemahlen, Kleie ausgesiebt
1 Beutel Weinsteinbackpulver
40 g Haselnüsse, gerieben
½ Beutel Vanillezucker (Reformhaus)
1 große Prise Meersalz
35 g Schokoladewürfelchen
3 EL Mandelstäbchen
1 gehäufter EL Kakao surfin
140 g reife Bananen, ohne Schale, fein zerdrückt
150 g/1,5 dl Sahne/Halbrahm
120 g Blütenhonig
70 g flüssige Butter, zum Einpinseln
Schokoladestreusel, für die Garnitur
66 Papierbackförmchen

1. Kuzu und Agar-Agar im Mineralwasser auflösen.

2. Mehl, Backpulver, Kakaopulver, Haselnüsse, Vanillezucker, Schokoladewürfelchen und Mandelstäbchen mischen. Restliche Zutaten darunterrühren.

3. Für jedes Muffin drei Papierbackförmchen ineinanderlegen. Einen großen Eßlöffel Teig in jedes Förmchen geben. Förmchen auf ein mit Backpapier belegtes Blech stellen. Mit flüssiger Butter einpinseln. Mit den Schokoladestreuseln garnieren.

4. Hafer-Bananen-Muffins im vorgeheizten Ofen bei 180 Grad auf unterem Einschub 30 Minuten backen.

5. Tip: Wenn man drei Papierbackförmchen ineinanderlegt, bekommen die Muffins eine schönere Form. Die beiden äußeren Förmchen können wieder verwendet werden.

Abbildung rechts

Mais-Aprikosen-Muffins

für 20 Muffins
25 g Kuzu
8 g Agar-Agar-Pulver
150 ml/1,5 dl Apfelsaft
150 g Maismehl
150 g Dinkel, fein gemahlen, Kleie ausgesiebt
1 Beutel Weinsteinbackpulver
1 Prise Meersalz
200 g Blütenhonig
150 g/1,5 dl Sahne/Halbrahm
2 TL Zimt
1½ TL Kardamompulver
wenig geriebene Muskatnuß
¼ TL Nelkenpulver
50 g getrocknete Aprikosen, klein gewürfelt
1 EL Kirsch
1 EL Bittermandellikör
2 EL Orangensaft
3 EL Mineralwasser
2 EL Sesamsamen
70 g flüssige Butter, zum Einpinseln
60 Papierbackförmchen

1. Aprikosenwürfelchen über Nacht in die Mischung aus Kirsch, Bittermandellikör und Orangensaft einlegen.

2. Kuzu und Agar-Agar im Apfelsaft auflösen.

3. Mehl, Backpulver, Salz und Gewürze mischen. Übrige Zutaten darunterrühren.

4. Drei Papierbackförmchen ineinanderlegen. In jedes Förmchen einen Eßlöffel Teig füllen. Förmchen auf ein mit Backpapier belegtes Blech legen. Muffins mit flüssiger Butter einpinseln.

5. Mais-Aprikosen-Muffins im vorgeheizten Ofen bei 180 Grad auf unterem Einschub 30 Minuten backen.

6. Tip: Nicht jedem Kind schmecken Gewürze. Zum Ausprobieren eine Teighälfte ‹würzen› (halbe Menge), die andere mit abgeriebener Zitronenschale aromatisieren.

Abbildung rechts

Gersten-Rum-Muffins

für 22 Muffins
25 g Kuzu
8 g Agar-Agar–Pulver
150 ml/1,5 dl kohlensäurehaltiges Mineralwasser
130 g Gerste, fein gemahlen
100 g Mandeln, fein gerieben
150 g Dinkel, fein gemahlen, Kleie ausgesiebt
1 Beutel Weinsteinbackpulver
1 große Prise Meersalz
½ TL Kardamom, gemahlen
1½ TL Zimt
200 g Blütenhonig
150 g/1,5 dl Sahne/Halbrahm
1 unbehandelte Zitrone, abgeriebene Schale
50 ml/0,5 dl Maiskeim- oder Sonnenblumenöl
4 EL Rum
1 EL Wasser
66 Papierbackförmchen

1. Kuzu und Agar-Agar im Mineralwasser auflösen.
2. Mehl, Mandeln, Backpulver, Salz und Gewürze mischen. Restliche Zutaten dazugeben. Rühren.
3. Für jedes Muffin 3 Papierbackförmchen ineinanderlegen. Einen großen Eßlöffel Teig in jedes Förmchen geben. Förmchen auf ein mit Backpapier belegtes Blech stellen.
4. Gersten-Rum-Muffins im vorgeheizten Ofen bei 180 Grad auf unterem Einschub 30 Minuten backen.
5. Tip: Die Muffins schmecken ofenfrisch am besten. Zum Frühstück mit Butter servieren.

Abbildung auf der vorangehenden Seite

Roulade mit Weißwein-Sahne-Füllung

½ TL Vanillepulver
1 Prise Meersalz
100 g Dinkel, fein gemahlen, Kleie ausgesiebt
1 EL Weinsteinbackpulver
1 EL vollfettes Sojamehl
½ EL Vanillezucker
100 g Blütenhonig
100 ml/1 dl kohlensäurehaltiges Mineralwasser
100 g/1 dl Sahne/Rahm
Marantamehl, zum Bestäuben der Roulade
Vanillezucker (Reformhaus), zum Bestäuben der Roulade
Füllung
80 g Blütenhonig
1 Prise Meersalz
250 ml/2,5 dl Weißwein
½ EL abgeriebene Zitronenschale einer unbehandelten Frucht
4 g Agar-Agar-Pulver
1 EL Wasser
3 EL Zitronensaft
250 g Schlagsahne/-rahm
1 Maßbecher Nesvital oder Biobin
1 EL Akazienhonig

1. Für die Füllung Agar-Agar im Wasser auflösen. Honig, Zitronensaft, Salz, Weißwein und angerührtes Agar-Agar-Pulver erhitzen. Auf kleinem Feuer 2 Minuten köcheln lassen. Abgeriebene Zitronenschalen dazugeben. Ausgekühlte Creme in den Kühlschrank stellen. Sobald die Creme zu gelieren beginnt, Nesvital, Akazienhonig und Schlagsahne darunterziehen. 30 Minuten kühl stellen.
2. Blech mit Backpapier belegen. Leeres Blech in dem auf 220

Grad vorgeheizten Ofen 5 Minuten erwärmen. Wenn das Blech warm ist, läßt sich die Biskuitmasse besser verteilen.
3. Für das Biskuit sämtliche Zutaten mit dem Stabmixer oder dem Schneebesen glattrühren.
4. Biskuitmasse im warmen Blech mit dem Gummispachtel zu einem Rechteck von 30 x 35 cm ausstreichen.
5. Biskuit im vorgeheizten Ofen bei 240 Grad auf mittlerem Einschub 10 Minuten backen.
6. Biskuit auf ein Geschirrtuch stürzen. Mit dem umgekehrten Blech decken. Nach 5 Minuten das Backpapier entfernen. Wieder mit dem umgekehrten Blech decken. Biskuit erkalten lassen.
7. Weißwein-Sahne-Creme auf das Biskuit verteilen. Kühl stellen.
8. Roulade vor dem Servieren mit dem Gemisch aus Marantamehl und Vanillezucker bestäuben.

Mandelkuchen

für ein Kuchenblech von 30 cm Durchmesser
25 g Kuzu
8 g Agar-Agar-Pulver
150 ml/1,5 dl kohlensäurehaltiges Mineralwasser
150 g Butter
220 g Blütenhonig
150 g Rundkorn-Vollreis, fein gemahlen
150 g Dinkel, fein gemahlen, Kleie ausgesiebt
1 Beutel Weinsteinbackpulver
1 Prise Meersalz
50 g/0,5 dl Sahne/Rahm
Belag
200 g Mandelblättchen
120 g Butter
100 g Blütenhonig
100 g/1 dl Sahne/Rahm
4 Tropfen Bittermandelöl

1. Kuchenblech einfetten.

2. Kuzu und Agar-Agar im Mineralwasser auflösen.

3. Butter schmelzen. Abkühlen lassen. Mit der Sahne mischen.

4. Mehl, Backpulver und Salz mischen.

5. Sämtliche Zutaten unter das Mehl rühren.

6. Teig in die Form füllen und glattstreichen. Im vorgeheizten Ofen bei 220 Grad 15 Minuten vorbacken.

7. Für den Belag sämtliche Zutaten aufkochen.

8. Heiße Mandelmischung auf den vorgebackenen Teigboden streichen.

9. Mandelkuchen 15 Minuten bei 220 Grad backen. Im Blech erkalten lassen.

Hafer-Aprikosen-Kuchen

für ein Kuchenblech mit hohem Rand von 30 cm Durchmesser
170 g Hafer, fein gemahlen
150 g Dinkel, fein gemahlen, Kleie ausgesiebt
1 Beutel Weinsteinbackpulver
25 g Kuzu
8 g Agar-Agar-Pulver
50 ml/0,5 dl kohlensäurehaltiges Mineralwasser
100 g/1 dl saure Sahne/ Sauerrahm (35–40 % Fett)
100 g/1 dl Sahne/Halbrahm
1 Prise Salz
180 g Blütenhonig, bei sehr säurehaltigen Früchten etwas mehr
1 unbehandelte Zitrone, abgeriebene Schale
2 EL Mandeln, gerieben
80 g Butter, lauwarm
500 g Aprikosen, halbiert, entsteint, in Spalten

1. Kuchenblech gut einfetten.

2. Mehl und Backpulver mischen.

3. Kuzu und Agar-Agar im Mineralwasser auflösen. Saure Sahne, Sahne, Salz, Honig, Zitronenschale, Mandeln und flüssige Butter darunterrühren. Mehl dazugeben. Gut verrühren.

4. Teig in die Form füllen. Glattstreichen. Die Aprikosenspalten kreisförmig und dicht nebeneinander auf den Teig legen. Leicht andrücken.

5. Kuchen im vorgeheizten Ofen bei 200 Grad auf unterem Einschub ca. 40 Minuten backen. In der Form erkalten lassen.

6. Vor dem Servieren mit Vanillezucker bestreuen. Mit wenig Schlagsahne servieren.

7. Der Aprikosenkuchen kann vor dem Backen auch mit Streusel (Seite 60) bestreut werden. In diesem Fall Früchte nur halbieren und mit der Schnittfläche oben in den Teig drücken. Jede Vertiefung mit Streusel füllen. Restliche über den Kuchen verteilen.

Mokkakuchen

*für eine Kastenform/
Cakeform von 28 cm Länge*

25 g Kuzu

8 g Agar-Agar-Pulver

*150 ml/1,5 dl kohlensäure-
haltiges Mineralwasser*

10 g Instant-Getreidekaffee

*50 ml/0,5 dl Mineralwasser
oder starker Kaffee*

240 g Blütenhonig

1 Msp Zimt

1 Prise Meersalz

85 g Mandeln, gerieben

*80 g dunkle Schokolade,
klein gewürfelt*

150 g/1,5 dl Sahne/Halbrahm

*170 g Rundkorn-Vollreis,
fein gemahlen*

200 g Dinkel, fein gemahlen

1 Beutel Weinsteinbackpulver

80 flüssige Butter, lauwarm

Glasur

20 g flüssige Butter

1 EL Blütenhonig

1. Form mit Papier auskleiden.
2. Kuzu und Agar-Agar im Mineralwasser auflösen.
3. Mehl und Backpulver mischen.
4. Getreidekaffee im Mineralwasser oder im Kaffee auflösen.
5. Ofen auf 220 Grad vorheizen. Nach 10 Minuten auf 180 Grad zurückschalten.
6. Sämtliche Zutaten, ohne die Butter, nach und nach zum Honig rühren. 10 Minuten ruhen lassen. Butter unter den Teig ziehen.
7. Teig in die Form füllen. Glattstreichen. Mokkakuchen im vorgeheizten Ofen bei 180 Grad auf unterstem Einschub 60 Minuten backen.
8. Kuchen nach 10 Minuten aus der Form nehmen. Noch warm mit der Mischung aus Honig und Butter einpinseln.

Möhrenkuchen/
Rüeblikuchen

*für eine Kastenform/Cakeform
von 28 cm Länge*

30 g Kuzu

*160 ml/1,6 dl
kohlensäurehaltiges
Mineralwasser*

200 g Blütenhonig

150 g/1,5 dl Sahne/Halbrahm

1 Prise Kardamom

100 g flüssige Butter

100 g Mandelstäbchen

2 EL Kirsch

150 g Dinkel, fein gemahlen

*200 g Dinkel, fein gemahlen,
Kleie ausgesiebt*

1 Beutel Weinsteinbackpulver

1 Prise Meersalz

*200 g Möhren/Karotten,
gerieben*

Glasur

1 KL Kirsch

1 KL Akazienhonig

wenig Wasser

1. Mehl, Backpulver und Salz mischen.
2. Kuzu im Mineralwasser auflösen. 10 Minuten stehen lassen.
3. Honig, Sahne, Kardamom, Butter, Mandelstäbchen und Kirsch zum Kuzuwasser geben. Mehl dazurühren. Ganz am Schluß die Möhren unter den Teig rühren.
4. Teig in die sehr gut gebutterte und gemehlte Form füllen. Glattstreichen.
5. Möhrenkuchen im vorgeheizten Ofen bei 180 Grad auf unterstem Einschub ca. 60 Minuten backen.
6. Gebackenen Kuchen nach 10 Minuten aus der Form nehmen. Noch warm mit der Kirschglasur einpinseln. Auf einem Gitter erkalten lassen. Möhrenkuchen erst am nächsten Tag anscheiden.

Maisküchlein

für 10 große Küchlein

25 g Kuzu

8 g Agar-Agar-Pulver

*150 ml/1,5 dl kohlensäure-
haltiges Mineralwasser*

170 g Maismehl

*150 g Dinkel, fein gemahlen,
Kleie ausgesiebt*

1 Beutel Weinsteinbackpulver

1 Prise Meersalz

4 EL Blütenhonig

150 g/1,5 dl Sahne/Halbrahm

70 g flüssige Butter

*1 unbehandelte Zitrone,
abgeriebene Schale*

60 g Rosinen

*1 EL flüssige Butter,
zum Einpinseln*

10 große Portionenförmchen

1. Förmchen einfetten.
2. Kuzu und Agar-Agar im Mineralwasser auflösen.
3. Mehl, Backpulver und Salz mischen. Übrige Zutaten unter das Mehl rühren.
4. Teig in die gefetteten Förmchen füllen. Förmchen auf ein Backblech stellen. 15 Minuten ruhen lassen. Mit flüssiger Butter einpinseln.
5. Maisküchlein im vorgeheizten Ofen bei 200 Grad auf unterem Einschub 25 Minuten backen. Frisch essen.

Abbildung rechts

*Abbildung Möhrenkuchen auf
Seite 71, Mitte*

Roggen-Apfelwein-Lebkuchen

für eine Springform von 28 cm Durchmesser oder eine Kastenform von 26 cm Länge

200 g/2 dl saure Sahne/ Sauerrahm (35–40 % Fett) 100 g/1 dl Sahne/Rahm 100 g/1 dl saure Sahne/ Sauerrahm
200 g Blütenhonig
1 gehäufter EL Lebkuchengewürz
1 Prise Meersalz
3 EL Kirsch
1 unbehandelte Zitrone oder Orange, abgeriebene Schale
300 ml/3 dl Apfelwein
1 gehäufter KL Natron
1 EL Wasser
1 Beutel Weinsteinbackpulver
250 g Roggen, fein gemahlen
250 g Dinkel, fein gemahlen
Glasur
2 EL Kirsch
1 EL Akazienhonig

1. Boden der Springform mit Backpapier belegen. Rand einfetten.
2. Mehl und Backpulver mischen.
3. Natron im Wasser (1 EL) auflösen.
4. Sahne, saure Sahne und Honig verquirlen. Übrige Zutaten nach und nach dazurühren. Teig in die Form füllen.
5. Lebkuchen im vorgeheizten Ofen bei 250 Grad auf unterem Einschub 5 Minuten backen. Temperatur auf 180 Grad zurückschalten. Ca. 60 Minuten backen.
6. Lebkuchen nach 10 Minuten aus der Form nehmen und noch warm mit der Mischung aus Kirsch und Honig einpinseln.
7. Varianten: Roggenmehl durch Dinkelmehl ersetzen. Oder eine Mischung aus 250 g Dinkelmehl, 200 g gesiebtem Dinkelmehl und 50 g feinen Haferflocken. In beiden Fällen wird der Lebkuchen leichter. Apfelsaft durch roten Traubensaft ersetzen.
8. Tip: Mit rotbackigen, knackigen Äpfeln, Butter oder Schlagsahne/ Schlagrahm und einem Glas halb Weißwein/halb Apfelsaft servieren.

Zwetschgenkuchen mit Mandelstreusel

für eine Kuchenform mit hohem Rand von 30 cm Durchmesser

20 g Kuzu
2 g Agar-Agar-Pulver
4 EL kohlensäurehaltiges Mineralwasser
3 EL Kirsch
100 g weiche Butter
120 g Blütenhonig, bei sehr säurehaltigen Früchten etwas mehr
1 Prise Meersalz
100 g Rundkorn-Vollreis, fein gemahlen
60 g Dinkel, fein gemahlen
50 g Dinkel, fein gemahlen, Kleie ausgesiebt
1 Beutel Weinsteinbackpulver
100 g/1 dl saure Sahne/ Sauerrahm (35–40 % Fett)
600 g Zwetschgen, halbiert, entsteint, in Spalten
Streusel
50 g weiche Butter
50 g Blütenhonig
¹⁄₂ Beutel Vanillezucker (Reformhaus)
50 g Mandeln, gerieben
50 g Dinkel, fein gemahlen
4 Vollkorn-Zwieback, fein zerstoßen, für die Form

1. Für die Streusel Butter, Honig und Vanillezucker schaumig rühren. Mandeln und Mehl darunterrühren. Einige Stunden kühl stellen.
2. Kuchenform einfetten. Mit dem zerstoßenen Vollkorn-Zwieback bestreuen.
3. Kuzu und Agar-Agar im Mineralwasser und im Kirsch auflösen.
4. Mehl, Backpulver und Salz mischen.
5. Butter und Honig schaumig rühren. Sämtliche Zutaten, außer den Zwetschgen, unter die Butter-Honig-Mischung rühren.
6. Teig in die Form füllen. Glattstreichen. Zwetschgen kreisförmig und dicht nebeneinander leicht in den Teig drücken. Die Streusel in kleinen Stücken auf die Zwetschgen verteilen.
7. Zwetschgenkuchen im vorgeheizten Ofen bei 200 Grad auf unterem Einschub ca. 40 Minuten backen. In der Form erkalten lassen.
8. Tip: Mit Schlagsahne/-rahm servieren. Die Streuselmasse kann im Kühlschrank in einem Glas mit Schraubverschluß einige Tage aufbewahrt werden.
9. Variante: Zwetschgen durch Aprikosen oder Birnen ersetzen.

Blätterteig

Teigtouren: Unter Teigtouren versteht versteht man das Falten und Ausrollen (Klopfen) des Blätterteiges. Den Teig sollte man mehr klopfen als rollen und möglichst wenig Mehl einstreuen. Je mehr Touren gemacht werden, desto blättriger wird der Teig und desto mehr geht er beim Backen auf. Den fertigen Blätterteig am besten 1 bis 2 Tage im Kühlschrank ruhen lassen.

Das treibt den Blätterteig in die Höhe: Jeder Teig enthält Flüssigkeit, die beim Backen normalerweise verdampft. Beim Blätterteig kann der Dampf wegen der Fettlagen zwischen den einzelnen Teigschichten nicht entweichen. Dieser Dampf treibt die einzelnen Schichten in die Höhe.

Teig kühl stellen: Die Kühlphasen während der Verarbeitung sind sehr wichtig. Desgleichen soll das Gebäck vor dem Backen mindestens 20 bis 30 Minuten kühl gestellt werden. Ideal ist, wenn auch das Blech oder die Form gekühlt ist.

Teig schneiden: Teig immer mit einem scharfem Messer schneiden, sonst wird er zu stark gequetscht und geht beim Backen nicht mehr auf. Nur Teig mit frischen, unverklebten Schnittkanten geht gleichmäßig in die Höhe.

Blech vorbereiten: Backblech und Form brauchen nicht gefettet zu werden. Lediglich mit kaltem Wasser ausspülen oder auspinseln.

Backen: Ofen auf 220 bis 240 Grad vorheizen. Sobald der Teig Farbe annimmt, wird die Temperatur auf 220 Grad zurückgeschaltet. Backofentüre während des Backens nicht öffnen. Blätterteiggebäck nur goldgelb backen. Braune Backwaren schmecken bitter.

Teigreste: Nicht zusammenkneten, sondern aufeinander legen, leicht zusammendrücken und ausrollen. Mit Glas oder rundem Ausstecher Kreise oder Halbmonde ausstechen oder Dreiecke schneiden. Mit Sahne/Rahm einpinseln und mit grobem Salz oder Mohnsamen bestreuen. Im vorgeheizten Ofen auf unterem Einschub 5 bis 10 Minuten backen.

Teig tiefgefrieren: 2 Monate haltbar. Vor der Verarbeitung 60 Minuten bei Zimmertemperatur stehen lassen.

Fertiges Gebäck tiefgefrieren: Gebäck lauwarm tiefgefrieren. Gefrierdauer ca. 2 Monate. Tiefgefrorenes Gebäck im vorgeheizten Ofen bei 150 Grad aufbacken.

Blätterteig, gekauft: Im Reformhaus und in manchen Bäckereien kann Vollkornblätterteig gekauft werden.

Blätterteig – Grundrezept

für 1,2 kg Blätterteig

500 g Dinkel, fein gemahlen, Kleie ausgesiebt

500 g weiche Butter

2 EL Apfelessig

ca. 150 ml/1,5 dl Wasser

1 TL Meersalz

1. Butter mit ¼ Mehlmenge von Hand leicht zusammenfügen. Zwischen 2 Folien einen Ziegel von ca. 20 x 20 cm formen (Nudelholz nehmen). 30 Minuten kühl stellen.

2. Restliches Mehl und Salz mischen. Wasser und Essig nach und nach dazugeben. Von Hand zu einem geschmeidigen, weichen Teig kneten. In ein feuchtes Tuch einwickeln. Eine Stunde kühl stellen.

3. Mehlteig zu einem Rechteck von 40 x 20 cm (doppelt so breit wie der Butterziegel) ausrollen. Butterziegel auf die eine Teighälfte legen und einschlagen. Ränder gut zusammendrücken. Teig flach klopfen. Leicht mehlen.

4. Teig vorsichtig wieder auf die ursprüngliche Größe (40 x 20 cm) ausrollen. Dabei den Teig mehr klopfen als rollen. Teig zuerst von der einen, dann von der andern Schmalseite her ⅓ nach innen klappen. Der Teig besteht nun aus 3 Lagen. Teig in Folie eingewickelt 10 Minuten kühl stellen. Den ganzen Vorgang nochmals wiederholen. Teig in Folie einwickeln. 30 Minuten kühl stellen.

5. Punkt 4, inklusive Kühlstellen, 2 bis 3 Mal wiederholen. Je öfter der Teig gefaltet wird, desto blättriger wird er.

6. Variante: Nicht alle Kleie aussieben. Zu beachten: je größer der Kleieanteil, desto mehr Wasser braucht es (bis 100 ml/1 dl mehr Wasser).

7. Weitere Verarbeitung: Teig mindestens 1 Stunde in Folie eingewickelt kühl stellen. Idealer ist, wenn man den Teig 1 bis 2 Tage im Kühlschrank ruhen läßt. Teig immer mit einem scharfen Messer schneiden, damit die Ränder nicht gequetscht werden. Nur so kann der Teig beim Backen gleichmäßig aufgehen. Die Schnittkanten müssen immer frisch sein. Einfetten des Bleches ist nicht notwendig. Blech nur mit kaltem Wasser ausspülen.

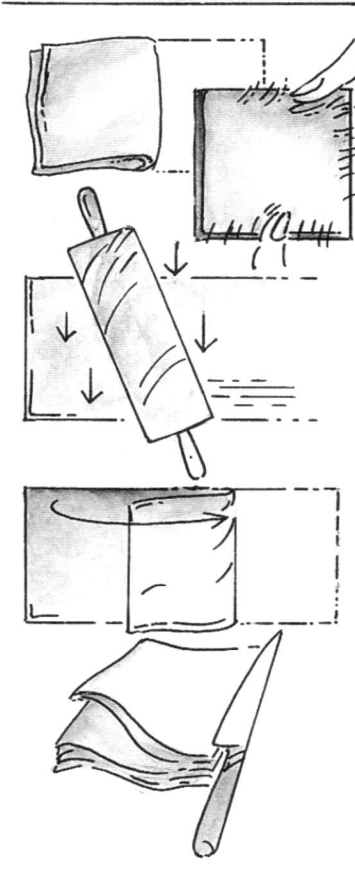

Asiatische Gemüserolle

300 g Blätterteig (Rezept nebenan)

Füllung

300 g gemischtes Gemüse, z. B. Keimlinge von Mungobohnen, chinesische Pilze, Zuckererbsen/Kefen, Möhren/Karotten, Champignons, Bambussprossen, Schalotten, Knoblauch, Wasserkastanien

1 EL Öl / Sojasauce

200 g weicher Tofu, klein gewürfelt

wenig Dinkelmehl, Kleie ausgesiebt

2 EL Öl

1. Gemüse (Zuckererbsen, Möhren/Karotten, Pilze) zerkleinern. Schalotten und Knoblauch hakken.

2. Gemüse im Öl (1 Eßlöffel) 4 Minuten dünsten. Mit der Sojasauce kräftig würzen.

3. Tofuwürfelchen kräftig würzen. Im Mehl wenden. Im Öl (2 Eßlöffel) kräftig braten.

4. Tofu und Gemüse mischen.

5. Blätterteig zu einem Quadrat von 40 x 40 cm ausrollen. 30 Minuten kühl stellen.

6. Gemüse-Tofu-Mischung auf den Blätterteig verteilen, dabei auf allen Seiten einen 4 cm breiten Rand freilassen. Ränder einschlagen. Blätterteig aufrollen.

7. Blätterteig-Gemüse-Rolle im vorgeheizten Ofen bei 220 Grad auf mittlerem Einschub ca. 30 Minuten backen.

8. Variante: Mit Strudelteig (Seite 103) zubereiten.

Abbildung Seite 85 unten

Abbildung: Zwetschgenkuchen, Rezept Seite 100

Gestürzter Apfelkuchen

*für ein Blech
von 26 cm Durchmesser*

30 g weiche Butter

*1 Beutel Vanillezucker
(Reformhaus)*

600 g Äpfel, z.B. Cox Orange

1 EL Zitronensaft

150 g Blätterteig (Seite 82)

*gesiebtes Dinkelmehl,
zum Ausrollen*

*25 g Mandelblättchen,
trocken geröstet*

1. Blech dick mit der weichen Butter einstreichen. Mit dem Vanillezucker bestreuen.
2. Äpfel schälen, halbieren, entkernen und in nicht zu dünne Scheiben schneiden. Ziegelartig in die Form legen. Auch in die Zwischenräume Apfelstückchen füllen. Äpfel mit dem Zitronensaft einpinseln.
3. Blätterteig auf bemehlter Arbeitsfläche entsprechend dem Durchmesser der Form ausrollen. Teigrondelle locker auf die Äpfel legen. Teigrand in die Form schieben. Deckel einige Male mit der Gabel einstechen.
4. Apfelkuchen im vorgeheizten Ofen bei 220 Grad auf unterstem Einschub 25 Minuten backen. Nach 10 Minuten aus der Form nehmen. Vorsichtig auf eine flache Unterlage stürzen. Mandelblättchen darüberstreuen. Nach Belieben mit erwärmtem Calvados beträufeln. Lauwarmen Kuchen mit Vanille-Schlagsahne/-rahm servieren.
5. Tip: Blätterteigreste aufeinanderlegen. Rechteckig ausrollen. Mit Vanillezucker bestreuen. Teig aufrollen und in 1 cm dicke Scheiben schneiden. Im Ofen bei 180 Grad ca. 20 Minuten backen.

Pikante Blätterteigtaschen

300 g Blätterteig (Seite 82)

Sahne/Rahm, zum Einpinseln

einige Tropfen Öl,
zum Einpinseln

Linsenfüllung

50 g rote Linsen

150 ml/1,5 dl Wasser

1 Lorbeerblatt

1 EL Öl

1 EL Petersilie, gehackt

1–2 Knoblauchzehen, gehackt

Meersalz

Pfeffer aus der Mühle

Currypulver

1 EL Marantamehl

Füllung aus getrockneten Bohnen

150 g getrocknete Bohnen,
gegart (kleine weiße Bohnen,
schwarze Bohnen, Borlotti-
bohnen)

3 EL pikante Tomatensauce

Chilipulver

Meersalz

Pfeffer aus der Mühle

gepreßter Knoblauch

Tofufüllung

100 g weicher Tofu, mit der
Gabel zerdrückt

2 Knoblauchzehen, gepreßt

1 EL vegetarische Kräuterpaste

1 KL Sojasauce

Cayennepfeffer

5 gefüllte grüne Oliven,
in Scheiben

Grünkernfüllung

50 g Grünkern, fein geschrotet

100 ml/1 dl Wasser

1 Prise Meersalz

1 Schalotte, fein gehackt

1–2 Knoblauchzehen, gepreßt

1–2 EL Majoran

1 EL Zitronensaft

60 g weiche Butter

Meersalz

Pfeffer aus der Mühle

Muskatnuß

1. **Linsenfüllung:** Linsen samt Lorbeerblatt im Wasser aufkochen. Auf der ausgeschalteten Wärmequelle zugedeckt 1 Stunde quellen lassen. Petersilie, Knoblauch und abgetropfte Linsen im Öl dünsten. Kräftig würzen. Flüssigkeit mit dem Marantamehl binden.

2. **Füllung aus getrockneten Bohnen:** Bohnen mit den übrigen Zutaten mischen. Pikant würzen.

3. **Tofufüllung:** Zerdrückten Tofu mit den übrigen Zutaten mischen. Pikant würzen.

4. **Grünkernfüllung:** Grünkernschrot zusammen mit der Prise Salz im Wasser aufkochen. Auf der ausgeschalteten Wärmequelle zugedeckt 15 Minuten quellen lassen. Sämtliche Zutaten mit dem Grünkernschrot mischen. Pikant würzen.

5. Blätterteig ca. 2 mm dick ausrollen. Quadrate von ca. 7 x 7 cm schneiden. Auf jedes Quadrat einen gehäuften Kaffeelöffel Füllung geben. Quadrat über den Spitz zusammenklappen, so daß man ein Dreieck erhält. Ränder mit einer Gabel gut andrücken. Blätterteigtaschen auf ein mit kaltem Wasser gespültes Blech legen. 30 Minuten kühl stellen. Teigtaschen mit der Mischung aus Sahne und Öl einpinseln. Im vorgeheizten Ofen bei 220 Grad auf mittlerem Einschub ca. 20 Minuten backen.

6. Variante: Mit der Füllung belegte Teigquadrate vom Spitz her zu Hörnchen/Gipfel aufrollen. Teigspitze und die beiden Öffnungen gut zusammendrücken.

7. Tips: Ungebackene Teigtaschen/-hörnchen lose vorgefrieren. Dann in Beutel füllen. Vor dem Backen im gefrorenen Zustand mit der Mischung aus Sahne/Rahm und Öl einpinseln. Gefroren im auf 220 Grad vorgeheizten Ofen auf mittlerem Einschub 20 Minuten backen.

Abbildung rechts

Blätterteigkuchen mit Orangencremefüllung

500 g Blätterteig (Seite 82)

Dinkelmehl, Kleie ausgesiebt, zum Ausrollen

1 EL Akazienhonig, zum Einpinseln

1 EL Orangenblütenwasser, zum Einpinseln

Orangencreme

550 ml/5,5 dl Saft von Blondorangen, frisch gepreßt

150 g Akazienhonig

1½ EL Kuzu (22 g)

150 ml/1,5 dl Wasser

3 g Agar-Agar-Pulver

1 EL Orangenblütenwasser

2 EL Grand Marnier

abgeriebene Schale von 3 unbehandelten Orangen (nur die orangen Teile)

20 g Butter

1 Prise Meersalz

20 g Dinkelmehl

250 g/2,5 dl Sahne/Rahm

2 ½ Maßlöffel Biobin oder Nesvital (Reformhaus)

1. Blätterteig vierteln. Ausrollen. Mit Hilfe einer länglichen Gratinform 4 Blätter zuschneiden. Teigblätter 30 Minuten kühl stellen.

2. Teigblätter in 2 Arbeitsgängen backen. 2 Teigblätter auf ein mit Backpapier belegtes Blech legen. Teig mit einer Gabel dicht einstechen. Backpapier darauflegen. Mit einer leeren Kastenform oder einer flachen Kuchenform beschweren. Teigblätter im vorgeheizten Ofen bei 220 Grad auf mittlerem Einschub 12 Minuten backen. Formen entfernen. Blätter drehen. 1–2 Minuten fertigbacken. Teigblätter auskühlen lassen. Eventuell mit einer Schere gerade schneiden.

3. Für die Orangencreme 300 ml/3 dl Orangensaft und 80 g Akazienhonig 20 Minuten auf kleinem Feuer köcheln lassen. Erkalten lassen.

4. Kuzu, Wasser und Agar-Agar unter ständigem Rühren zu einer dicken Creme einköcheln lassen. Erkalten lassen. Orangensaft (130 ml/1,3 dl), 3 Eßlöffel Akazienhonig, Orangenblütenwasser, Grand Marnier und Orangenschalen mit dem Stabmixer oder dem Schneebesen unter die Creme rühren.

5. Butter schmelzen. Salz und Mehl (20 g) dazugeben. Kurz dünsten. Mit dem Orangensaft (100 ml/1 dl) ablöschen. Zu einer dicken Creme einkochen lassen. Creme auskühlen lassen.

6. Orangensaft (Punkt 3) und die beiden Cremes (Punkt 4 und 5) mit dem Stabmixer oder dem Schneebesen durch kräftiges Rühren gut mischen. Creme eventuell durch ein Sieb streichen. Schlagsahne und Biobin oder Nesvital unter die Orangencreme rühren. 10 Minuten stehen lassen.

7. Teigblätter mit dem Honig und dem Orangenblütenwasser einpinseln.

8. 2 Teigblätter aufeinander in die Gratinform legen. Leicht zusammenpressen. Die Hälfte der Orangencreme auf den Doppelboden gießen. Mit einem Teigblatt decken. Restliche Orangencreme darübergießen. Mit dem letzten Teigblatt abschließen. Blätterteigkuchen mit Folie decken und für 4 Stunden in den Kühlschrank stellen, damit der Kuchen fest wird. Nach Belieben mit Vanillezucker (Reformhaus) und abgeriebenen Orangenschalen garnieren.

9. Variante: Teigboden (2 Teig-

blätter) mit 250 g Beeren (Erdbeeren in Scheiben, Himbeeren, Heidelbeeren) oder Früchten (Aprikosen oder Pfirische, in dünnen Spalten) belegen. Die Hälfte der Creme darübergießen. Mit einem Teigblatt decken. Mit 250 g Beeren/Früchten belegen. Restliche Creme darübergießen. Mit dem Teigblatt abschließen.

Aperitifgebäck

Blätterteig (Seite 82)
Sesamsamen
Mohnsamen
Kümmel
Paprikapulver
Mandelblättchen oder Mandelstäbchen
Sahne/Rahm, zum Einpinseln
Öl, zum Einpinseln
Gomasio

1. Blätterteig 2 bis 3 mm dick ausrollen. Beliebige kleine Formen ausstechen oder schneiden. Mit der Mischung aus Sahne und Öl einpinseln. Dicht mit den Samen, dem Kümmel usw. bestreuen. 30 Minuten kühl stellen.

2. Aperitifgebäck im vorgeheizten Ofen bei 220 Grad auf mittlerem Einschub 10 Minuten backen.

3. Varianten: Für **Blätterteigmaschen** Teig 2 mm dick ausrollen. Streifen von 12 cm Länge und 1 cm Breite schneiden. Mit der Mischung aus Sahne/Öl einpinseln. Mit den Samen usw. bestreuen. Teigstreifen gegen die Mitte hin zusammenlegen. Gut andrücken. Mit der Mischung aus Sahne und Öl einpinseln und mit den Samen bestreuen. 30 Minuten kühl stellen. Teigmaschen im vorgeheizten Ofen bei 220 Grad auf mittlerem Einschub 15 Minuten backen. Für **Schnecken** Teig 2 mm dick ausrollen. Streifen von 12 cm Länge und 1 cm Breite schneiden. Mit der Mischung aus Sahne/Öl, gewürzt mit Meersalz und Pfeffer, einpinseln. Dicht mit Gomasio, grobem Pfeffer usw. bestreuen. Aus den Teigstreifen Schnecken rollen. 30 Minuten kühl stellen. Im vorgeheizten Ofen bei 220 Grad auf mittlerem Einschub 15 Minuten backen.

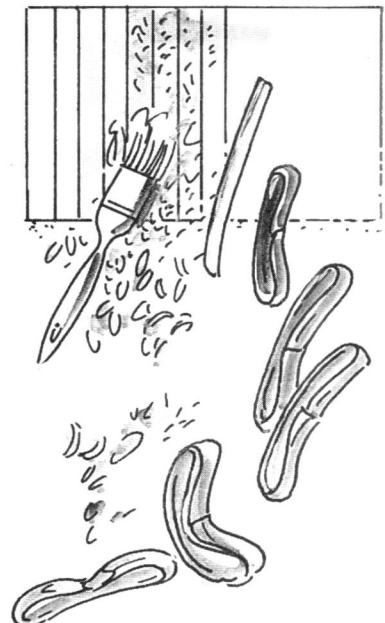

Cremeschnitten

300 g Blätterteig (Seite 82)
Vanillezucker (Reformhaus)
2 Beutel (170 g) Vanillepudding (Reformhaus)
½ l Sojamilch
1 Vanilleschote, Samen ausgekratzt
150 g/1,5 dl Sahne/Rahm

1. Blätterteig zu einem Rechteck von 30 x 50 cm ausrollen. Teigblatt auf ein mit kaltem Wasser gespültes Blech legen. Mit einer Gabel dicht einstechen. 30 Minuten kühl stellen. Teigblatt im vorgeheizten Ofen bei 220 Grad auf mittlerem Einschub 10 bis 15 Minuten backen. Blätterteigblatt auskühlen lassen. In Längsrichtung halbieren.

2. Für die Vanillecreme 100 ml/ 1 dl Sojamilch, Vanillepulver und Vanillesamen gut verrühren. Restliche Sojamilch aufkochen. Angerührtes Vanillepulver dazurühren. Aufkochen. Einige Minuten köcheln lassen. Creme aus-

kühlen lassen. Schlagsahne unter die Vanillecreme ziehen.

3. Ein Teigblatt für den Boden auf eine Alufolie legen. Folie auf allen Seiten nach oben biegen und durch mehrmaliges Einschlagen einen stabilen Rand von 4 cm Höhe formen. Die Vanillecreme in die Form gießen. Zweites Teigblatt für den Deckel mit einem scharfen Messer quer in 8 Stücke schneiden. Auf die Creme legen. Mit Vanillezucker bestreuen. Cremeschnitten vor dem Servieren ein paar Stunden kühl stellen.

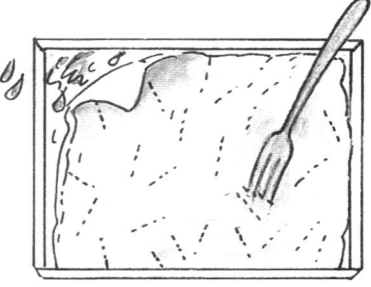

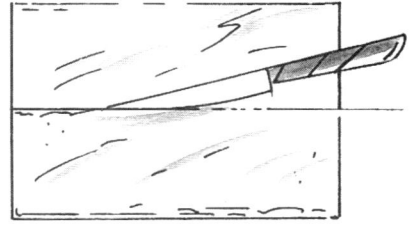

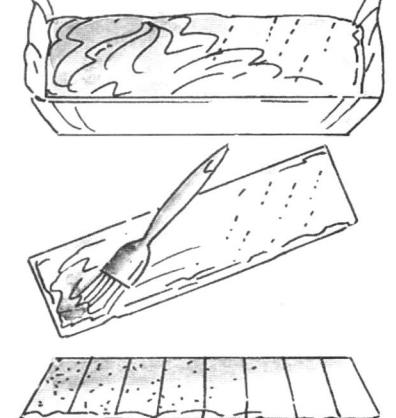

Plunderteig

Der Plunderteig ist ein Blätterteig. Im Gegensatz zum gewöhnlichen Blätterteig wird er aber mit Hefe zubereitet. Die Hefe treibt den Teig zusätzlich und sorgt für Volumen. Das Resultat ist ein lockeres Gebäck. Blätterteig kann ohne Einschränkung durch Plunderteig ersetzt werden.

Teigbeschaffenheit: Damit der Teig sich mit der Butter gut verbindet – dies ist für das Aufgehen wichtig –, darf er nicht zu weich sein. Ideal ist, wenn der Hefeteig (Grundteig) über Nacht im Kühlschrank aufgehen kann und die Butter am folgenden Tag eingearbeitet wird. Die Butter sollte zum Verarbeiten Zimmertemperatur haben.

Teig ausrollen: Arbeitsfläche gut mehlen (gesiebtes Mehl verwenden). Teig rasch verarbeiten, damit er nicht austrocknet.

Teig tiefgefrieren: Geeignet zum Tiefgefrieren.

Gebäck tiefgefrieren: Das Gebäck noch lauwarm tiefgefrieren. Gefroren in den auf 200 Grad vorgeheizten Ofen geben und 5 Minuten backen. 5 Minuten auf dem Blech erkalten lassen.

Blech vorbereiten: Im Gegensatz zu Blätterteig muß das Blech/die Form eingefettet oder mit Backpapier belegt werden.

Teig gehen lassen: Geformten Teig/eingefüllten Teig vor dem Backen bei Zimmertemperatur nochmals 30 Minuten zugedeckt gehen lassen.

Plunderteig – Grundrezept

100 g Dinkel, fein gemahlen
200 g Dinkel, fein gemahlen, Kleie ausgesiebt
100 g Hafer, fein gemahlen
¼ TL Meersalz
20 g Hefe
250 ml/2,5 dl Wasser
5 EL Blütenhonig
200 g weiche Butter

1. Hefe im Wasser und im Honig auflösen.
2. Mehl und Salz mischen. Flüssigkeit dazugeben. Zu einem Teig zusammenfügen. 2 Eßlöffel Butter unter den Teig arbeiten. So lange kneten, bis sich der Teig vom Schüsselrand löst. Zugedeckt 1 Stunde gehen lassen. Mit nassen Händen abermals kurz kneten. Teig über Nacht zugedeckt im Kühlschrank gehen lassen.
3. Teig auf bemehlter Arbeitsfläche kräftig kneten. Zu einem Quadrat von 35 cm Länge ausrollen. Butter in Scheiben schneiden. Diese mit Mehl bestäuben. In die Mitte des Teigblattes legen. Teigränder von allen Seiten über der Butter einschlagen. Gut andrükken.
4. Teig auf die ursprüngliche Größe ausrollen. Zuerst das eine, dann das andere Teigende von der Schmalseite her 1/3 einschlagen. Der Teig besteht nun aus 3 Lagen. Teig abermals ausrollen und einschlagen. 30 Minuten kühl stellen.
5. Arbeitsgang (Punkt 4) 3 bis 5 Mal wiederholen. Teig immer wieder kühl stellen. (siehe auch Grundrezept Blätterteig, Seite 84).
6. Teig auf die ursprüngliche Größe ausrollen. Zugedeckt 20 Minuten gehen lassen.

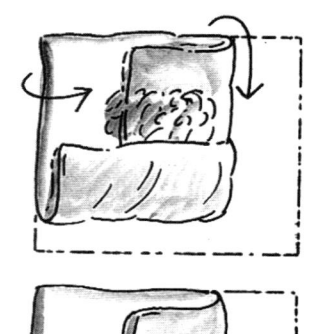

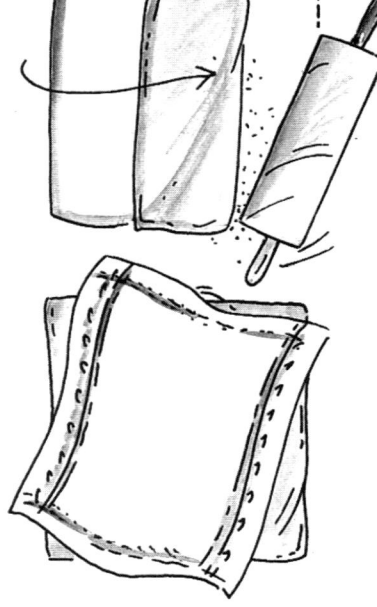

Abbildung: Gebäck aus Plunderteig

Plunderteig – Nußgipfel

1 Portion Plunderteig (Seite 88)
Füllung (Seite 57,
Blechteig – Nußgipfel)

1. Zubereitung: Seite 57, Blechteig – Nußgipfel. 30 Minuten gehen lassen.
2. Backen: Im vorgeheizten Ofen bei 200 Grad auf mittlerem Einschub 20 Minuten.

Abbildung Vorderseite

Plunderteig – Nußzopf

1 Portion Plunderteig (Seite 88)
Füllung
(Seite 54, Blechteig – Nußzopf)

Zubereitung: Seite 54, Blechteig – Nußzopf. 30 Minuten gehen lassen.

Plunderteig – Fastnachtsmasken

1 Portion Plunderteig (Seite 88)
Sahne/Rahm, zum Einpinseln
Rosinen, Haselnüsse, Mandeln usw., für die Garnitur

1. Teig 5 mm dick ausrollen. Masken schneiden oder ausstechen. Für die Haare den oberen Rand mit einer Schere oder einem Messer ausfransen. Mit dem Apfelkernausstecher zwei Augen ausstechen. Die beiden Teigrondellen für die Nase verwenden. Masken garnieren. Mit Sahne einpinseln. 30 Minuten gehen lassen.
2. Fastnachtsmasken im vorgeheizten Ofen bei 200 Grad auf mittlerem Einschub 20 Minuten backen.

Abbildung Seite 109

Plunderteig – Apfeltaschen

1 Portion Plunderteig (Seite 88)
Sahne/Rahm, zum Einpinseln
Akazienhonig, zum Einpinseln
Füllung
1 kg säuerliche Äpfel
1 Schuß Weißwein
wenig Honig
2 Prisen Zimt

1. Äpfel schälen, vierteln, Kerngehäuse entfernen. Apfelviertel scheibeln. Mit den restlichen Zutaten mischen.
2. Teig 2 mm dick ausrollen. Große Rondellen ausstechen. Füllung auf die eine Hälfte verteilen. Ränder mit Wasser einpinseln. Teig zusammenklappen und gut zusammendrücken. Mit Sahne einpinseln. 30 Minuten gehen lassen.
3. Apfeltaschen im vorgeheizten Ofen bei 200 Grad auf mittlerem Einschub 20 bis 30 Minuten backen. Noch warm mit Akazienhonig einpinseln.

Abbildung Vorderseite

Plunderteig – Hufeisen

1 Portion Plunderteig (Seite 88)
30 g flüssige Butter, zum Einpinseln
Sahne/Rahm, zum Einpinseln
2 EL Blütenhonig
1 TL Zimt
150 g Rosinen
50 g Mandeln, fein gerieben
50 g Zitronat (Reformhaus)

1. Plunderteig zu einem Quadrat von ca. 40 cm Länge und 5 mm dick ausrollen. Teigblatt halbieren.
2. Beide Teigblätter mit der flüssigen Butter einpinseln. Füllung gleichmäßig auf den Teig streichen. Beide Teigstücke in Längsrichtung aufrollen. Die beiden Rollen einige Male miteinander verschlingen und ein Hufeisen formen. Hufeisen auf ein mit Backpapier belegtes Blech legen. Mit der Sahne einpinseln. 30 Minuten gehen lassen.
3. Hufeisen im vorgeheizten Ofen bei 200 Grad auf mittlerem Einschub 30 Minuten backen. Mit der Sahne einpinseln. Weitere 10 Minuten backen.

Plunderteig – Schnecken

1 Portion Plunderteig (Seite 88)
2 EL Akazienhonig, zum Einpinseln
1 EL Wasser, zum Einpinseln
Füllung
170 g Haselnüsse, fein gerieben
30 g Mandeln, fein gerieben
150 g Blütenhonig
1 EL Kakao
120 g Äpfel, fein gerieben
1 EL Kirsch
wenig Ingwerwurzel, gerieben

1. Teig zu einem Quadrat von 35 cm Länge ausrollen. Füllung gleichmäßig auf den Teig streichen. Aufrollen. Mit einem scharfen Messer Scheiben von ca. 2 cm Dicke schneiden. Schnecken auf ein mit Backpapier belegtes Blech legen. 30 Minuten gehen lassen.
2. Schnecken im vorgeheizten Ofen bei 200 Grad auf mittlerem Einschub 20 bis 25 Minuten backen. Noch warm mit der Mischung aus Honig und Wasser einpinseln.

Abbildung Vorderseite

Mürbeteig

Getreide mahlen: Getreidekörner sehr fein mahlen.

Mehlsorten: Der Dinkelanteil beträgt mindestens 50 %. Auch Nüsse zählen zur Mehlmenge.

Butteranteil: Das Verhältnis Mehl/Butter ist normalerweise 2 : 1.

Teig, zu trocken: Ein zu trockener und schlecht zusammenhaltender Teig wird mit wenig Mineralwasser gebunden und geschmeidig gemacht.

Temperatur der Zutaten: Nur gekühlte Zutaten verwenden. Also auch das Mehl kühl stellen. Es macht nichts, wenn der Teig noch kleine Butterstückchen enthält. Gekühlte Zutaten verhindern, daß der Teig krümelig wird. Mit möglichst kühlen Händen arbeiten.

Kneten: Teig nur kurz kneten. Nicht mehr Mehl als rezeptiert verwenden. So behält der Teig auch nach dem Backen seine Mürbheit.

Teig kühl stellen: Teig vor dem Ausrollen mindestens 60 Minuten und ein zweites Mal in der Form 30 Minuten kühl stellen. Der Teig läßt sich so leichter verarbeiten und behält beim Backen seine Form. Einen sehr weichen Teig legt man für kurze Zeit in den Tiefkühler.

Teig ausrollen: Teig entweder zwischen zwei Klarsichtfolien oder auf bemehlter Arbeitsfläche (Kleie aussieben) ca. 3 mm dick ausrollen. Teig nicht dehnen. Locker in die Form legen und seitlich leicht andrücken. Mit einer Gabel mehrere Male einstechen.

Blindbacken: Backpapier auf Teigbodengröße zuschneiden. Auf den Teig legen. Mit trockenen Bohnen belegen. 10 Minuten vor Ende der Backzeit Bohnen und Papier entfernen. Fertigbacken. Bei diesem Vorgehen wird der Teig schön knusprig.

Backzeit: Kleine Formen 10 bis 15 Minuten, große Formen 20 bis 30 Minuten, bei 180 Grad.

Teig aufbewahren: Mürbeteig hält sich in Folie eingewickelt im Kühlschrank einige Tage frisch. Der Teig kann auch tiefgefroren werden (im Kühlschrank auftauen).

Blindgebackenen Mürbeteig aufbewahren: Geeignet zum Tiefgefrieren. In Blechdosen hält er sich 1 bis 2 Wochen frisch.

Mürbeteig – Grundrezept

für 1 Kuchenform von 26 cm Durchmesser oder 16 Portionenförmchen
125 g Dinkel, fein gemahlen
100 g Dinkel, fein gemahlen, Kleie ausgesiebt
1 TL Weinsteinbackpulver
1 Prise Meersalz
115 g Butter, in Stücken
1 EL Honig
1 EL saure Sahne/Sauerrahm (35–40 % Fett)
50 ml/0,5 dl Wasser

1. Honig, saure Sahne und Wasser verrühren.

2. Mehl, Backpulver und Salz mischen. Butter dazugeben. Krümelig reiben. Flüssigkeit dazugeben. Rasch zu einem Teig zusammenfügen. Teig nur kurz bearbeiten, damit er beim Backen seine Mürbheit behält. Teig zu einer Kugel formen. Mindestens 60 Minuten oder länger kühl stellen.

3. Für eine große Form den Teig zwischen zwei Klarsichtfolien 3–5 mm dick rondellenförmig ausrollen und in die gefettete Form legen. Aus den Teigresten eine dünne Rolle formen und diese dem Rand entlang fest andrücken. Teigboden mit einer Gabel einstechen. Boden mit Backpapier belegen. Mit getrockneten Bohnen beschweren. Teig 30 Minuten kühl stellen. Mürbeteigboden im vorgeheizten Ofen bei 180 bis 200 Grad auf mittlerem Einschub 30 Minuten backen. Nach 20 Minuten Backzeit Bohnen und Papier entfernen. Fertigbacken. Mürbeteigboden erkalten lassen.

4. Für kleine Förmchen den Teig 2 bis 3 mm dick ausrollen und mit einem genügend großen Ausstecher (10 cm Durchmesser) mit Bogenrand Rondellen ausstechen. Rondellen in die gefetteten Förmchen legen. Dicht einstechen. Boden mit Backpapier belegen. Mit getrockneten Bohnen beschweren. 30 Minuten kühl stellen. Mürbeteigböden im vorgeheizten Ofen bei 180 Grad auf mittlerem Einschub ca. 15 Minuten backen. Nach 10 Minuten Backzeit Bohnen und Papier entfernen. Fertigbacken. Mürbeteigboden erkalten lassen.

Gefüllte Mürbeteigtörtchen

16 Mürbeteigtörtchen, gebacken (Rezept nebenan)
Orangencreme (Seite 86)
Vanillecreme
1½ EL Wasser
5 g Agar-Agar-Pulver
125 ml/1,25 dl Wasser
125 g/1,25 dl Sahne/Halbrahm
70 g Akazienhonig
1 TL Vanillepulver
½ unbehandelte Zitrone, abgeriebene Schale
150 g/1,5 dl Schlagsahne/-rahm

Mascarponecreme (Seite 96)
Sahnecreme
4 EL Akazienhonig
2 TL Limettensaft
1 TL Vanillepulver
400 g/4 dl Schlagsahne/-rahm
Schokoladeüberzug für den Boden
100 g Bitterschokolade, zerbröckelt
2 EL Kirsch
2 EL Wasser
Früchte
frische Beeren (Erdbeeren, Walderdbeeren, Himbeeren, Johannisbeeren, Brombeeren Heidelbeeren usw.) oder Früchte (Aprikosen, Pfirsiche, Zwetschgen, Orangen, Bananen usw.)

1. Für den Überzug Schokolade, Kirsch und Wasser im heißen Wasserbad schmelzen.

2. Mürbeteigböden mit der Schokolademasse einpinseln. Trocknen lassen.

3. *Sahnecreme:* Honig, Zitronensaft und Vanillepulver verquirlen. Unter die Schlagsahne rühren.

4. *Vanillecreme:* Agar-Agar im Wasser auflösen. Sahne, Vanillepulver und Zitronenschale aufkochen. Agar-Agar dazugeben. 1 Minute unter ständigem Rühren köcheln lassen. Unter öfterem Rühren abkühlen lassen. Honig und Schlagsahne darunterziehen.

5. *Übrige Cremes:* siehe jeweiliges Rezept.

6. Creme auf den Mürbeteigboden verteilen. Mit den Früchten füllen.

Abbildung rechts

Gedeckte Mandeltorte

für eine Kuchenform von
24 cm Durchmesser

1 Portion Mürbeteig (Seite 92)

Füllung

1 EL Butter

200 g Mandeln, ungeschält,
grob gehackt

150 g Mandeln, geschält,
gerieben

250 g Blütenhonig

1 EL Dinkelmehl, gesiebt

250 g/2,5 dl Sahne/Rahm

½ TL Vanillepulver

1 EL Vanillezucker
(Reformhaus)

1 Prise Meersalz

3–4 Tropfen Bittermandelöl

1 EL Rosenwasser

1 TL Akazienhonig,
zum Einpinseln

1 TL Wasser, zum Einpinseln

1. Nüsse in der Butter leicht bräunen. Honig dazurühren. Übrige Zutaten zur Nußmasse geben. 1 Minute köcheln lassen. Mandelmasse auskühlen lassen.

2. Teig halbieren. Zwischen zwei Klarsichtfolien Rondellen von 4 mm Dicke und ca. 26 cm Durchmesser ausrollen. Eine Rondelle in die gefettete Form legen. Mit der Gabel einstechen. Mandelfüllung auf den Teigboden verteilen. Zweite Rondelle auf die Füllung legen. Innenseite der Teigränder mit Wasser befeuchten. Gut zusammendrücken.

3. Torte im vorgeheizten Ofen bei 150 Grad auf mittlerem Einschub 50 bis 60 Minuten backen. In der Form erkalten lassen. Noch heiß mit der Mischung aus Honig und Wasser einpinseln.

Abbildung Seite 51, links im Bild

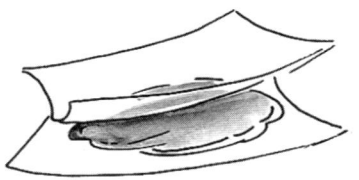

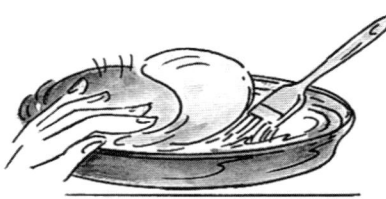

Früchtekuchen

für eine flache Kuchenform von
26 cm Durchmesser

Mürbeteig

125 g Dinkel, fein gemahlen

50 g Dinkel, fein gemahlen,
Kleie ausgesiebt

115 g Butter, in Stücken

1 TL Weinsteinbackpulver

50 g Mandeln oder Haselnüsse,
gerieben

1 Prise Meersalz

1 EL Honig

1 EL saure Sahne/Sauerrahm

50 ml/0,5 dl Wasser

Füllung

5 g Agar-Agar-Pulver

1½ EL Wasser

250 g/2,5 dl Sahne/Halbrahm

60 g Akazienhonig

1 TL Vanillezucker

½ unbehandelte Zitrone,
abgeriebene Schale

150 g/1,5 dl Sahne/Rahm

Garnitur

Früchte oder Beeren

1. Dinkelmehl und Butter von Hand leicht krümelig reiben. Backpulver, Mandeln und Salz darunter mischen. Restliche Zutaten dazugeben. Rasch zu einem Teig zusammenfügen. Teig in Folie eingepackt im Kühlschrank 2 Stunden ruhen lassen.

2. Teig zwischen zwei Klarsichtfolien auf Formgröße ausrollen. In die gefettete Form legen. Mindestens 60 Minuten kühl stellen.

3. Zum Blindbacken den Teigboden mit Backpapier belegen. Trockene Bohnen darauf verteilen. Teigboden im vorgeheizten Ofen bei 180 Grad auf mittlerem Einschub ca. 30 Minuten backen. Nach 20 Minuten Backzeit Bohnen und Papier entfernen. Fertigbacken. Mürbeteigboden erkalten lassen.

3. Für die Füllung Agar-Agar und Wasser verrühren. Sahne, Vanillepulver und abgeriebene Zitronenschale aufkochen. Agar-Agar beigeben. 2 Minuten köcheln lassen. Creme unter häufigem Rühren erkalten lassen. Honig und Schlagsahne unter die Creme rühren.

4. Creme auf den Mürbeteigboden verteilen. Mit den Früchten belegen.

Abbildung rechts

Himbeertorte

Mürbeteig

200 g Dinkel, fein gemahlen
100 g Dinkel, fein gemahlen, Kleie ausgesiebt
20 g vollfettes Sojamehl
1 TL Weinsteinbackpulver
1 Prise Meersalz
100 g Blütenhonig
2 EL Kirsch
150 g eiskalte Butter, grob geraspelt

Mascarponefüllung

250 g/2,5 dl Schlagsahne/-rahm
250 g Mascarpone
150 g Akazienhonig
½ TL Vanillepulver
1 EL Kirsch
1 unbehandelte Zitrone, abgeriebene Schale
200 g Himbeeren, püriert, durch ein Sieb gestrichen
200 g ganze Himbeeren
Beeren für die Garnitur

1. Für den Mürbeteig Mehl, Backpulver und Salz mischen. Honig und Kirsch darunterrühren. Kalte Butter dazugeben. Von Hand rasch zu einem glatten Teig zusammenfügen. 60 Minuten kühl stellen.
2. Teig halbieren. Zwischen 2 Klarsichtfolien 5 mm dick und rund ausrollen. Rondellen schneiden. 30 Minuten kühl stellen.
3. Teigrondellen mit einer Gabel dicht einstechen. Im vorgeheizten Ofen bei 200 Grad auf mittlerem Einschub 10 Minuten backen. Auskühlen lassen.
4. Für die Füllung sämtliche Zutaten, außer den ganzen Beeren, verrühren.
5. Einen Mürbeteigboden in eine runde Gratinform legen. Die Hälfte der Creme auf dem Teigboden ausstreichen. Mit den Beeren belegen. Zweiten Mürbeteigboden darauflegen. Mit der restlichen Creme überziehen. Torte mindestens 3 Stunden oder über Nacht kühl stellen. Mit den Beeren garnieren.

Linzertorte

für eine Kuchenform von 26 cm Durchmesser

Mürbeteig

150 g Dinkel, fein gemahlen
50 g Dinkel, fein gemahlen, Kleie ausgesiebt
½ TL Weinsteinbackpulver
1 Prise Meersalz
175 g Mandeln, gerieben
120 g Blütenhonig
1 Msp Vanillepulver
2 Msp Nelkenpulver
2 TL Zimt
½ unbehandelte Zitrone, Saft und abgeriebene Schale
1 EL Kakao surfin
1 EL Kirsch
2 EL Wasser
200 g kalte Butter, in Stücken

Füllung

350 g Johannisbeer- oder Himbeermarmelade (Reformhaus) oder selbstgemachte Marmelade (Seite 69)

1. Für den Mürbeteigboden sämtliche Zutaten, außer der Butter, mischen. Butterstücke dazugeben. Rasch zu einem Teig zusammenfügen. Der Teig soll nicht zu trocken sein. Eventuell 1 bis 2 Eßlöffel Mineralwasser zusätzlich dazugeben. Mürbeteig in Folie eingewickelt mindestens 2 Stunden kühl stellen.
2. ⅔ der Teigmenge zwischen zwei Klarsichtfolien auf Formgröße 3 mm dick ausrollen. In die gefettete Form legen. Teigboden 30 Minuten kühl stellen.
3. Marmelade auf den Teigboden verteilen. Restlichen Teig auf bemehlter Arbeitsfläche 2 mm dick ausrollen. 10 Streifen von 5 mm Breite und 26 cm Länge schneiden. 5 Streifen in gleicher Richtung auf die Marmelade legen. Restliche Teigstreifen in entgegengesetzter Richtung (es sollen sich Rhomben bilden) darauflegen. Teigstreifen mit Sahne einpinseln.
4. Linzertorte im vorgeheizten Ofen bei 175 Grad auf mittlerem Einschub ca. 30 Minuten backen. In der Form erkalten lassen. Die Lizenzertorte schmeckt am besten, wenn sie einige Tage alt ist.
5. Tips: Die Marmelade wird weniger süß, wenn sie mit frischen Früchten gemischt wird, z. B. 250 g Marmelade und 100 g frische Beeren. Wenn der Teig für die Streifen mit wenig Mineralwasser verdünnt wird, läßt er sich mit dem Spritzsack auf den Kuchen spritzen. Linzertorte mit Schlagsahne/-rahm servieren.

Abbildung rechts

Geriebener Teig

Getreide mahlen: Getreidekörner sehr fein mahlen.

Temperatur der Zutaten: Nur gekühlte Zutaten verwenden. Ideal ist, wenn auch das Mehl kühl gestellt wird.

Teig herstellen: Mehl, Salz und Butter krümelig reiben. Flüssigkeit darübergießen und rasch von Hand oder mit der Gabel zu einer Kugel formen. Der Teig soll innerhalb von 5 Minuten fertig sein.

Teig ruhen lassen: Teig vor dem Ausrollen 30 Minuten zugedeckt ruhen lassen.

Teig tiefkühlen: Der Teig eignet sich zum Tiefkühlen.

Gebackener Kuchen: Sofort aus dem Blech/aus der Form nehmen und auf einen Gitter erkalten lassen.

Blindbacken: Siehe Mürbteig, Seite 91.

Birnenwecken

für 1 großen oder 6 kleinere Wecken
Teig
150 g Dinkel, fein gemahlen
100 g Dinkel, fein gemahlen, Kleie ausgesiebt
1 TL Weinsteinbackpulver
¼ TL Meersalz
60 g Butter, in Stücken
60 g Butterschmalz/Bratbutter, in Stücken
125 ml/1,25 dl Apfelsaft
Sahne/Rahm, zum Einpinseln
Füllung (reicht für 1 großen und 12 kleine Wecken)
400 g getrocknete Birnen
100 g Walnüsse/Baumnüsse
100 g geschälte Mandeln, grob gehackt
50 g Zitronat (Reformhaus)
4 EL Kirsch
120 g Blütenhonig
2 TL Lebkuchengewürz
1 EL Agar-Agar-Pulver

1. Für den Teig Mehl, Backpulver und Salz mischen. Butter dazugeben und krümelig reiben. Apfelsaft dazugeben. Zu einem Teig zusammenfügen. Teig in Klarsichtfolie eingewickelt über Nacht kühl stellen.

2. Für die Füllung Birnen über Nacht in warmem Wasser einlegen. Im Einweichwasser 60 Minuten auf kleinem Feuer köcheln lassen. Stiele entfernen. Birnen durch das Passetout/Passevite drehen. Ab und zu einen Eßlöffel Kochwasser (4 bis 5 Eßlöffel insgesamt) dazugeben, damit sich die Birnen leichter verarbeiten lassen. Birnenmus mit den restlichen Zutaten mischen. 60 Minuten ruhen lassen.

3. Für einen großen Wecken Teig

4 mm dick zu einem Rechteck von 25 x 18 cm ausrollen. Füllung in Richtung Schmalseite bergartig in die Mitte geben, dabei beidseitig 2 cm Rand freilassen. Teigränder mit Wasser einpinseln und einschlagen. Längsseiten über der Füllung einschlagen und gut andrücken.

4. Birnenwecke mit Teigende unten auf ein mit Backpapier belegtes Blech legen. Teig mit einer Gabel einstechen. Mit der Sahne einpinseln. Birnenwecke im vorgeheizten Ofen bei 200 Grad auf unterem Einschub 60 Minuten backen.

4. Für kleine Birnenwecken den Teig zu einem Rechteck von 36 x 24 cm ausrollen. 6 Quadrate schneiden. Füllung auf die Teigstücke streichen, dabei auf allen Seiten 1 cm Rand freilassen. Teigränder über die Füllung einschlagen. Ränder mit Wasser einpinseln. Teig einmal zusammenklappen. Ränder gut andrücken. Birnenwecken auf ein mit Backpapier belegtes Blech legen. Mit Sahne einpinseln. Mit der Gabel ein paar Mal einstechen. Wecken im vorgeheizten Ofen bei 220 Grad auf unterem Einschub 25 Minuten backen.

5. Tips: Für einen Brotaufstrich Fruchtfüllung mit der gleichen Menge Butter verrühren. In einem Glas mit Schraubverschluß im Kühlschrank aufbewahren.

Fruchtkuchen/ -wähen

*für 2 Kuchenbleche von
26 cm Durchmesser*

Teig

150 g Dinkel, fein gemahlen

*150 g Dinkel, fein gemahlen,
Kleie ausgesiebt*

1 TL Meersalz

60 g Butter, in Stücken

*60 g Butterschmalz/Bratbutter,
in Stücken*

100 ml/1 dl Wasser

1 TL Apfelessig

**Steinobstkuchen (Aprikosen,
Zwetschgen, Mirabellen,
Kirschen)**

*1 kg Steinobst, entsteint, große
Früchte halbiert*

*2 EL Tapioca oder
75 g Mandeln oder Haselnüsse,
gerieben*

*Mandelblättchen zum
Bestreuen, nach Belieben*

Vanillezucker (Reformhaus)

Kernobstkuchen (Äpfel, Birnen)

*1 kg Äpfel oder Birnen, geschält,
geviertelt, Kerngehäuse entfernt,
in 1 cm breiten Spalten*

Zimt

Butterflocken

1. Mehl, Salz und Butter krümelig reiben. Wasser dazugeben. Rasch zu einem Teig zusammenfügen. In Klarsichtfolie eingewickelt im Kühlschrank 60 Minuten ruhen lassen.
2. Blech(e) gut einfetten. Mit gesiebtem Dinkelmehl bestäuben.
3. Teig auf Blechgröße ausrollen. In die Form legen. Mit einer Gabel dicht einstechen. Mit gesiebtem Dinkelmehl bestäuben.
4. Bei Steinfrüchten den Teigboden mit dem Tapioca (quellt durch den Fruchtsaft) oder den Nüssen bestreuen. Steinfrüchte mit der Schnittfläche oben gleichmäßig auf den Kuchenboden verteilen.
5. Kuchen im vorgeheizten Ofen bei 220 Grad auf unterem Einschub 20 bis 30 Minuten backen. 5 Minuten vor Ende der Backzeit die Mandelblättchen über den Kuchen streuen. Kuchen sofort aus dem Blech nehmen und auskühlen lassen. Mit dem Vanillezucker bestreuen.
6. Bei Kernobst die Fruchtspalten kreisförmig auf den Teigboden legen. Kuchen im vorgeheizten Ofen bei 220 Grad auf unterem Einschub 20 bis 30 Minuten backen. 5 Minuten vor Ende der Backzeit mit den Butterflocken belegen. Kuchen sofort aus dem Blech nehmen und auf einem Gitter erkalten lassen. Mit Zimt bestreuen.

Abbildung Seite 83

Osterfladen

*für ein Kuchenblech von
26 cm Durchmesser*

*½ Portion geriebener Teig
(siehe Fruchtkuchen nebenan)*

230 g fester Tofu, grob gehackt

160 ml/1,6 dl Sojamilch

5 EL Blütenhonig

1 große Prise Meersalz

*½ unbehandelte Zitrone, Saft
und abgeriebene Schale*

*1 unbehandelte Limette,
abgeriebene Schale*

*2 gehäufte EL gesiebtes
Dinkelmehl*

1 gehäufter EL Pfeilwurzmehl

50 g Mandeln, gerieben

*150 g/1,5 dl Schlagsahne/
-rahm*

*40 g Butterstückchen,
für die Form*

1. Teig auf Blechgröße ausrollen. In die gefettete Form legen. Mit einer Gabel einstechen.
2. Tofu und Sojamilch fein pürieren. Übrige Zutaten, außer der Sahne, unter den Tofu rühren. Schlagsahne darunterziehen.
3. Tofufüllung auf den Teigboden verteilen. Mit den Butterstückchen belegen.
4. Osterfladen im vorgeheizten Ofen bei 220 Grad auf unterem Einschub ca. 30 Minuten goldgelb backen. Aus der Form nehmen und erkalten lassen. Vor dem Servieren mindestens 60 Minuten kühl stellen.
5. Variante: Mit Mürbeteigboden (Grundrezept Seite 92) oder Blätterteig (Grundrezept Seite 82).

Abbildung rechts

Gemüsekuchen/-wähen

für 3 Kuchenbleche von
26 cm Durchmesser

Teig

250 g Dinkel, fein gemahlen

250 g Dinkel, fein gemahlen,
Kleie ausgesiebt

200 g kalte Butter, in Stücken

1½ TL Meersalz

200 ml/2 dl Wasser

1 EL Apfelessig

wenig gesiebtes Mehl,
zum Kneten

Spinatkuchen (für 2 Kuchen)

700 g frischer Spinat

150 g weiße Zwiebeln, in
dünnen Ringen

2 Knoblauchzehen, gepreßt

wenig Butter

Meersalz, Pfeffer aus der
Mühle, Muskatnuß

3–4 EL Vollkornbrotbrösel/
-paniermehl

200 g/2 dl Sahne/Rahm

Lauchkuchen (für 2 Kuchen)

750 g Lauch/Porree,
in dünnen Ringen

200 g Möhren/Karotten,
klein gewürfelt

wenig Butter

Meersalz, Pfeffer aus der
Mühle, Thymian

3–4 EL Vollkornbrotbrösel/
-paniermehl

200 g/2 dl Sahne/Rahm

1. Mehl, Salz und Butter krümelig reiben. Wasser und Essig dazugeben. Rasch zu einem Teig zusammenfügen. Mit wenig gesiebtem Dinkelmehl leicht kneten. In Klarsichtfolie eingewickelt im Kühlschrank 60 Minuten ruhen lassen.

2. Blech(e) gut einfetten. Mit gesiebtem Dinkelmehl bestäuben.

3. Teig auf Blechgröße ausrollen. In die Form legen. Mit einer Gabel dicht einstechen.

4. Für die **Spinatfüllung** gut abgetropften Spinat, Zwiebeln und Knoblauch in wenig Butter so lange dünsten, bis der Spinat zusammengefallen ist. Auskühlen lassen. Flüssigkeit gut ausdrücken. Würzen. Teigboden mit den Vollkornbrotbröseln bestreuen. Den Spinat darauf verteilen. Sahne darübergießen. Spinatkuchen im vorgeheizten Ofen bei 220 Grad auf unterem Einschub ca. 30 Minuten backen.

5. Für die **Lauchfüllung** Lauch und Möhren in wenig Butter 10 Minuten dünsten. Auskühlen lassen. Gut würzen. Nach Belieben geröstete Brotwürfelchen daruntermischen. Teigboden mit den Vollkornbrotbröseln bestreuen. Gemüse darauf verteilen. Sahne darübergießen. Lauchkuchen im vorgeheizten Ofen bei 220 Grad auf unterem Einschub ca. 30 Minuten backen.

Pilzkuchen

⅓ Portion geriebener Teig
(nebenan)

3 Knoblauchzehen, gehackt

200 g frische Steinpilze oder je
100 g frische Champignons und
Shiitake, zerkleinert

1 gelber Gemüsepaprika/
Peperoni, in Streifen

2 EL Olivenöl

Meersalz

Pfeffer aus der Mühle

1 EL Majoranblättchen

1 Sträußchen Petersilie, gehackt

Tomatensauce

1 EL Olivenöl

1 Zwiebel, fein gehackt

3 Knoblauchzehen, gepreßt

4 große Tomaten, gut reif

3 EL Tomatenpüree

1 Schalotte, fein gehackt

je 1 EL Majoran und Basilikum,
frisch, oder

1 TL getrocknete Kräuter

1 Lorbeerblatt

1 KL Meersalz

1 Msp Honig

Pfeffer aus der Mühle

1. Für die Tomatensauce Tomatenspitz übers Kreuz einritzen. Kurz in kochendes Wasser geben, bis sich die Haut zu lösen beginnt. Kalt abschrecken. Haut abziehen. Früchte halbieren, Stielansatz entfernen und zerkleinern. Zwiebeln im Öl weichdünsten. Knoblauch und Schalotten kurz mitdünsten. Restliche Zutaten dazugeben. Aufkochen. Zugedeckt auf kleinem Feuer 30 Minuten köcheln lassen. Immer wieder rühren. Nach Belieben nachwürzen.

2. Geriebenen Teig auf Blechgröße ausrollen. In die gefettete Form legen.

3. Zwiebeln, Knoblauch, Gemüsepaprika und Pilze im Olivenöl kurz dünsten. Gut würzen. Erkalten lassen.

4. Wenig Tomatensauce auf den Teigboden streichen. Das Gemüse darauf verteilen. Majoranblättchen und Petersilie darüberstreuen.

5. Pilzkuchen im vorgeheizten Ofen bei 220 Grad ca. 30 Minuten backen.

Strudel

Teigzubereitung: Sämtliche Zutaten mischen. Teig so lange kräftig kneten, bis er geschmeidig ist. Der Teig darf an den Fingern nicht mehr kleben.

Teig ruhen lassen: Teig mit Öl einpinseln und in Folie einpacken. Unter einer mit kochendheißem Wasser ausgespülten Schüssel 60 Minuten oder während der Nacht ruhen lassen. Die Wärme schließt das Klebereiweiß auf und macht den Teig elastisch.

Teig ausrollen: Die Arbeit wird erleichtert, wenn der Teig vor dem Ausziehen von Hand mit dem Nudelholz auf bemehlter Arbeitsfläche (Mehl aussieben) ‹vorgerollt› wird.

Strudel zubereiten: Strudelteig sofort füllen, damit er nicht austrocknet.

Strudel rollen: Küchentuch anheben und langsam hochziehen. So rollt sich der Strudel von selbst ein.

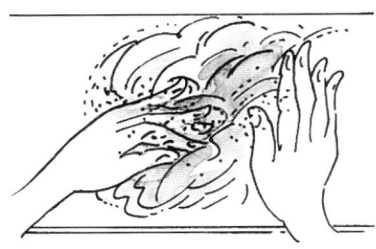

Apfelstrudel

Strudelteig

150 g Dinkel, fein gemahlen
150 g Dinkel, fein gemahlen, Kleie ausgesiebt
1 große Prise Meersalz
1 EL Butter, flüssig
3 EL Öl
150 ml/1,5 dl lauwarmes Wasser
1 EL Maiskeimöl, zum Einpinseln
Butter, zum Einpinseln (ca. 50 g)

Apfelfüllung 1

1,2 kg Äpfel, z.B. Boskop oder Cox Orange
50 g Butter
1 TL Zimt
120 g fester Honig, z.B. Auslesehonig
1 EL Vanillezucker (Reformhaus)
40 g feine(s) Vollkornbrotbrösel/-paniermehl oder fein zerstoßener Zwieback
50 g Haselnüsse oder Mandeln, gerieben

Apfelfüllung 2

1 kg Äpfel, z.B. Boskop oder Cox Orange
50 g Butter
6 EL Rosinen
½ TL Zimt
1 Prise Meersalz
1 unbehandelte Orange, abgeriebene Schale
80 g Mandelblättchen, in wenig Butter gebräunt
2–3 EL Honig, je nach Süße der Äpfel
40 g feine Vollkornbrotbrösel/- paniermehl oder fein zerstoßener Zwieback

Mohnfüllung

150 g Butter
80 g Blütenhonig
2 EL Sahne/Rahm
150 g Mohn, gemahlen
1 Prise Meersalz
50 g Rosinen
1 EL Rum
40 g Walnüsse/Baumnüsse, gehackt
2–3 EL Vollkornbrotbrösel/-paniermehl

1. Mehl und Salz mischen. Flüssige Butter und Öl unter das Mehl rühren. So viel Wasser nach und nach unter das Mehl arbeiten, bis der Teig weich und elastisch ist. Strudelteig auf bemehlter Arbeitsfläche mindestens 10 Minuten von Hand kneten. Teigkugel mit Maiskeimöl einpinseln. In Folie einpacken. Teig in einem leeren Kochtopf oder unter einer Schüssel, die man mit kochendem Wasser ausgespült hat, zugedeckt 60 Minuten ruhen lassen.

2. Teig auf einem großen gemehlten Küchentuch (Dinkelmehl aussieben) zu einem dünnen Rechteck (da der Teig Kleie enthält, läßt er sich nicht hauchdünn ausziehen) von ca. 75 x 45 cm ausziehen: Mit dem Handrücken

Fortsetzung auf der nächsten Seite

unter den Teig fahren und diesen langsam und gleichmäßig dehnen und ziehen. Wenn der Teig sehr trocken ist, zwischendurch mit flüssiger Butter einpinseln. Am Schluß die dicken Teigenden wegschneiden.

3. Für die Füllung Äpfel schälen und halbieren. Kerngehäuse entfernen. Äpfel grob raspeln oder in ganz feine Scheiben schneiden. Äpfel, Zimt und Honig mischen.

4. Die Hälfte Butter (50 g) erhitzen. Vollkornbrotbrösel oder Zwieback und Haselnüsse in der Butter leicht bräunen. Erkalten lassen.

5. Teigblatt mit flüssiger Butter einpinseln. Vollkornbrotbrösel auf den Teig verteilen. Mit den Äpfeln belegen. Auf allen Seiten 5 cm frei lassen. Teigenden einschlagen. Strudel durch Anheben des Tuches auf der Längsseite einrollen. Strudel mit dem Teigende unten auf ein mit Backpapier belegtes Blech legen. Strudel mit flüssiger Butter einpinseln.

6. Strudel im vorgeheizten Ofen bei 200 Grad auf mittlerem Einschub ca. 40 Minuten backen. Mit flüssiger Butter einpinseln. Mit der Mischung aus Vanillezucker und Marantamehl (durch ein Sieb streichen) bestäuben.

7. Tip: Mit einer Vanillesauce servieren. Einen Beutel Vanillepulver (Reformhaus) mit Sojamilch anrühren. Für eine Sauce braucht es 100 ml/1 dl Sojamilch mehr als auf dem Beutel angegeben.

8. Variante: Für die Mohnfüllung Butter und Honig schaumig rühren. Mit den restlichen Zutaten mischen. Das mit Butter eingepinselte Teigblatt mit den Vollkornbrotbröseln bestreuen. Mohnfüllung darauf verteilen. Übrige Schritte gemäß Punkt 6 und 7.

Gemüsestrudel

*für 2 kleine oder
1 großen Strudel*

1 Portion Strudelteig (Seite 103)

Füllung

250 g Möhren/Karotten, grob geraspelt (Röstiraffel)

200 g Zwiebeln, fein gehackt

½ kleiner Weißkohl, in dünnen Streifen

2 EL Butter

1 EL Kräuterbutter

Meersalz

Cayennepfeffer

50 ml/0,5 dl Gemüsebrühe/ -bouillon

2 EL feine Vollkornbrotbrösel/ -paniermehl

1. Für die Füllung das zerkleinerte Gemüse in der Mischung aus Butter und Kräuterbutter kurz dünsten. Mit der Gemüsebrühe ablöschen. Abschmecken. In ein Sieb schütten, dabei Flüssigkeit auffangen. Erkalten lassen.

2. Strudelteig halbieren. Auf einem gemehlten Küchentuch (Dinkelmehl aussieben) 2 dünne Rechtecke (da der Teig Kleie enthält, läßt er sich nicht hauchdünn ausziehen) von ca. 35 x 20 cm ausziehen: Mit dem Handrücken unter den Teig fahren und diesen langsam und gleichmäßig dehnen und ziehen. Wenn der Teig sehr trocken ist, zwischendurch mit flüssiger Butter einpinseln. Am Schluß die dicken Teigenden wegschneiden. Teig abermals mit flüssiger Butter einpinseln. Mit der Kleie bestreuen.

3. Gemüsefüllung auf den Teig verteilen. Auf allen Seiten 3 cm Rand frei lassen. Teigenden einschlagen. Strudel durch Anheben des Tuches auf der Längsseite einrollen. Strudel mit dem Teigende unten auf ein mit Backpapier belegtes Blech legen. Mit der flüssigen Butter einpinseln.

4. Strudel im vorgeheizten Ofen bei 200 Grad auf mittlerem Einschub 30 bis 40 Minuten backen.

Abbildung rechts

Fritiergut

- **Teig ruhen lassen:** Teig vor dem Fritieren 30 Minuten ruhen lassen.
- **Fritiertemperatur:** Die ideale Fritiertemperatur beträgt 180 Grad. Sie läßt sich mit einem Holzlöffel kontrollieren. Wenn bei eingetauchtem Stiel Bläschen aufsteigen, hat das Öl die richtige Temperatur.
- **Ölmenge:** Das Fritiergut muß schwimmend gebakken werden.
- **Fritieröl/-fett:** Ideal sind Maiskeimöl oder ungehärtetes Kokosnußfett. Das Fett/Öl soll sauber sein. Verschmutztes Fett/Öl schäumt zu stark und verhindert das Aufgehen des Fritiergutes. Am besten wird das Öl/Fett nach zweimaligem Gebrauch ausgewechselt.

Tempura

250 g Dinkel, fein gemahlen, Kleie ausgesiebt
2 EL vollfettes Sojamehl
600 ml/6 dl Eiswasser
Fritiergut
12 Zwiebeln
1 zarter Lauch
12 feine grüne Bohnen
1 Aubergine
1 große Kartoffel
frische Pilze
gesiebtes Dinkelmehl, zum Wenden
Maiskeimöl zum Fritieren

1. Mehl und Wasser verrühren. Nur wenig rühren, damit der Teig beim Backen knusprig wird.
2. Aubergine in dünne Scheiben schneiden. Mit Salz bestreuen. Einige Minuten ziehen lassen, damit die Bitterstoffe ausgeschieden werden. Auberginenscheiben mit Küchenpapier trockentupfen.
3. Zwiebeln in Ringe schneiden.
4. Lauch in 15 cm lange Stücke schneiden.
5. Kartoffel schälen. In hauchdünne Scheiben schneiden.
6. Pilze putzen.
7. Sämtliches Gemüse im Mehl wenden. Überschüssiges Mehl abklopfen. Das Gemüse durch den Teig ziehen.
8. Tempura im heißen Fritieröl so lange backen, bis es an die Oberfläche steigt und schön knusprig ist (ca. 3 Minuten). Sofort servieren.
9. Tip: Mit Dipsaucen servieren. **Chilisauce:** 2 EL Chilipaste, 1½ TL gepreßter Knoblauch, 2 EL fein geriebene Zwiebeln, 2½ EL Honig, 2 EL Reisweinessig oder Apfelwein, 180 ml/1,8 dl Wasser und 1½ TL Maisstärke. Sämtli-

chen Zutaten unter Rühren aufkochen. **Knoblauch-Ingwer-Sauce:** 4 dünne Streifen frischer Ingwer, fein gehackt, 2 gepreßte Knoblauchzehen, 1 Msp Honig, 1 Prise Meersalz, 3 EL Öl, 1 TL Sojasauce. Ingwer und Knoblauch im Öl kurz braten. Mit den restlichen Zutaten mischen.

Abbildung rechts

Fritiertes Aperitifgebäck

200 ml/2 dl Wasser
1 EL Butter
200 g Dinkel, fein gemahlen
100 g Dinkel, fein gemahlen, Kleie ausgesiebt
2 TL Weinsteinbackpulver
1 Prise Meersalz
Maiskeimöl zum Fritieren
Meersalz oder Vanillezucker (Reformhaus)
Dinkelmehl, Kleie ausgesiebt, zum Ausrollen

1. Salz, Backpulver und Mehl mischen.
2. Wasser und Butter aufkochen. Mehl im Sturz dazugeben. Zu einem elastischen Teig verarbeiten. Teig 60 Minuten ruhen lassen.
3. Teig auf bemehlter Arbeitsfläche zu einem nicht zu dünnen Rechteck ausrollen. Teigblatt in der gleichen Richtung dreimal falten (4 Teiglagen). Diesen Arbeitsgang 6 Mal wiederholen.
4. Teig 5 mm dick ausrollen. Streifen von 2 cm Breite und 8 cm Länge schneiden.
5. Teigstreifen im heißen Fritieröl portionenweise backen. Fritiergut auf Küchenpapier abtropfen lassen. Noch warm mit Salz oder Vanillezucker bestreuen.

Fastnachtsgebäck/ Fastnachtsküechli

200 g Dinkel, fein gemahlen

200 g Dinkel, fein gemahlen, Kleie ausgesiebt

40 g Hefe

125 ml/1,25 dl kohlensäurehaltiges Mineralwasser

80 g Blütenhonig

1 große Prise Meersalz

1 unbehandelte Zitrone, 1 KL Zitronensaft, abgeriebene Schale

2 EL Sahne/Rahm oder 20 g flüssige Butter

flüssige Butter, zum Einpinseln

Maiskeimöl zum Fritieren

Vanillezucker (Reformhaus), zum Bestreuen

1. Hefe im Mineralwasser auflösen. ⅓ Mehl dazugeben. Glattrühren. Vorteig 15 Minuten gehen lassen.
2. Restliche Zutaten zum Vorteig geben. So lange schlagen und kneten, bis der Teig elastisch ist. Teigkugel mit der flüssigen Butter einpinseln. Zugedeckt 90 Minuten gehen lassen.
3. Teig in 10 Portionen teilen. Jedes Teigstück hauchdünn und möglichst rund ausrollen oder von Hand ausziehen (mit gefetteten Händen und ohne Mehl). Der Teigrand soll etwas dicker sein als die Teigmitte.
3. Fastnachtsgebäck / Fasnachtschüechli im heißen Fritieröl einzeln zugedeckt backen. Gebäck nach 1 Minute wenden und im offenen Topf fertigbacken. Auf einem mit Küchenpapier belegten Gitter gut abtropfen lassen. Mit Vanillezucker bestreuen.

Tofukrapfen

1 Portion Fastnachtsgebäckteig (nebenan)

Maiskeimöl zum Fritieren

Vanillezucker (Reformhaus), zum Bestreuen

Füllung

200 g weicher Tofu

50 g/0,5 dl Sahne/Rahm

4 EL Blütenhonig

1 Beutel Vanillezucker (Reformhaus)

50 g Rosinen

2 EL Mandelstäbchen

1. Für die Füllung Tofu mit der Gabel fein zerdrücken. Sahne und Blütenhonig mit dem Schneebesen darunterrühren. Restliche Zutaten dazugeben.
2. Teig 2 mm dick zu einem Rechteck ausrollen. Dreiecke von ca. 14 cm Seitenlänge schneiden.
3. Auf die Hälfte der Dreiecke einen Teelöffel Füllung geben. Rand mit Wasser einpinseln. Zweites Dreieck daraufsetzen. Ränder gut zusammendrücken. Krapfen zugedeckt 15 Minuten gehen lassen.
4. 2 bis 3 Krapfen aufs Mal im heißen Öl 4 Minuten backen.

Berliner Pfannkuchen

1 Portion Fastnachtsgebäckteig (nebenan)

Himbeer-, Erdbeer- oder Aprikosenmarmelade

Maiskeimöl zum Fritieren

Vanillezucker (Reformhaus), zum Bestreuen

1. Teig 2 cm dick ausrollen. Mit einem Glas oder einem runden Ausstecher Rondellen von zirka 5 cm Durchmesser ausstechen.
2. Auf die Hälfte der Teigrondellen 1 Teelöffel Marmelade in die Mitte geben. Rand mit Wasser einpinseln. Zweite Rondelle darauflegen. Ränder gut zusammendrücken. Berliner Pfannkuchen zugedeckt 60 Minuten gehen lassen.
3. 2 bis 3 Berliner aufs Mal im heißen Fritieröl 4 Minuten backen. Auf einem mit Küchenpapier belegten Gitter abtropfen lassen. Noch warm mit dem Vanillezucker bestreuen.
4. Variante: 3 Äpfel schälen, halbieren, Kerngehäuse entfernen. In kleine Würfel schneiden. Mit dem Teig mischen. Mit 2 Eßlöffeln Klöße abstechen. Portionenweise im heißen Fritieröl 4 Minuten backen. Auf einem mit Küchenpapier belegten Gitter abtropfen lassen. Noch warm mit Vanillezucker und Zimt bestreuen.

Abbildung unten

Rezept Fastnachtsmasken Seite 90

Kleingebäck

Teig, Haltbarkeit: Teig ohne Backpulverzusatz kann in Folie eingewickelt 3 bis 4 Tage im Kühlschrank aufbewahrt werden. Backpulverteig immer sofort verarbeiten, da durch die Lagerung die Treibkraft verloren geht.

Teig, weich: Zu weichen Teig kühl stellen. Keinesfalls Mehl einkneten, da dadurch das Gebäck hart wird.

Gebäck auskühlen lassen: Auf dem Blech 10 Minuten auskühlen lassen.

Ausstecher, Teig klebt: Wenn der Teig am Ausstecher klebt, diesen in gesiebtes Dinkelmehl drücken. Bei sehr festem Teig darf man den Ausstecher beim Herausklopfen kräftig auf die Arbeitsfläche schlagen. So bleibt das Gebäck schön in Form.

Backblech: Für das Backen von Kleingebäck sind mehrere Bleche von Vorteil. Praktisch sind Bleche, die nur auf einer Seite einen Rand haben. Das Gebäck läßt sich so problemlos vom Blech schieben.

Backpapier: Das Backpapier ist eine echte Hilfe. Es erspart das Einfetten und Reinigen des Bleches. Wenn die erste Portion im Ofen ist, kann die zweite auf dem Backpapier vorbereitet werden. Man braucht dann nur noch das bestückte Papier auf den heißen Blechrücken zu ziehen. Blech sofort in den Ofen schieben, damit das Gebäck nicht verläuft. Bei heißem Blech reduziert sich die Backzeit leicht.

Glasieren/verzieren: Walnußhälften, gehackte Pistazien usw. auf die noch feuchte Glasur legen, damit die Garnitur gut haftet.

Schokoladeglasur: $2/3$ der Schokolademenge im warmen Wasserbad unter Rühren auflösen. Kein Wasser dazugeben. Schüssel aus dem heißen Wasser nehmen. Restliche gehackte Schokolade dazugeben und unter Rühren auflösen. Bei diesem Vorgehen behält die Schokolade ihren Glanz, wird also nicht stumpf und unansehnlich grau.

Gebäck aufbewahren: Kleingebäck ohne Glasur kann tiefgefroren oder in gut schließenden Blechdosen aufbewahrt werden. Zum Aufbewahren eignen sich auch große Porzellan- oder Steingutgefäße. Eventuell zwischen die einzelnen Lagen Papier legen.

Honigriegel

250 g flüssige Butter	
400 g Blütenhonig	
5 EL Sahne/Rahm	
4 EL Rum	
100 g Bitterschokolade, in Würfelchen	
1 unbehandelte Zitrone, abgeriebene Schale	
½ Zitrone, Saft	
250 g Haselnüsse, gerieben	
250 g Dinkel, fein gemahlen	
250 g Dinkel, fein gemahlen, Kleie ausgesiebt	
250 g Hirse, fein gemahlen	
1 große Prise Meersalz	
Glasur	
je 1 TL Zimt und Nelkenpulver	
1 EL flüssiger Honig	
1 EL flüssige Butter	

1. Sämtliche Zutaten zur flüssigen Butter rühren. Teig über Nacht kühl stellen.

2. Teig auf einem mit Backpapier belegten Blech mit einem nassen Spachtel ca. 2 cm hoch ausstreichen.

3. Teigblatt im vorgeheizten Ofen bei 180 Grad auf mittlerem Einschub ca. 35 Minuten backen. Mit einem scharfen Messer sofort Riegel schneiden. Noch heiß mit der Glasur einpinseln. Trocknen lassen.

4. Tip: Wenn der Teig auf 2 Bleche verteilt und die Masse 5 bis 10 mm dick ausgestrichen wird, wird das Gebäck knuspriger. Backzeit: 15 bis 20 Minuten.

5. Variante: 100 g Mandelstäbchen, je 100 g Rosinen, Zitronat und Orangeat sowie 200 g Mandelblättchen mit 100 g Honig mischen. Belag auf den ungebackenen Teig streichen. In diesem Falle braucht es keine Glasur.

Hafer-Mandel-Oblaten

für ca. 50 Oblaten *von 6 cm Durchmesser*
100 g Mandelblättchen
100 g Mandelstäbchen
½ TL Vanillepulver
1 unbehandelte Zitrone, *abgeriebene Schale*
je 50 g Zitronat und Orangeat
10 g Schokoladewürfelchen
100 g Blütenhonig
1 Prise Meersalz
50 g Hafer, fein gemahlen
50 g Dinkel, fein gemahlen
80 g Dinkel, fein gemahlen, *Kleie ausgesiebt*
1 TL Weinsteinbackpulver
250 g/2,5 dl Sahne/Rahm
60 g Butter
Schokoladeüberzug
40 g Bitterschokolade
3 EL Sahne/Rahm
1 EL Kirsch

1. Sämtliche Zutaten, außer der Sahne und der Butter, mischen. Sahne und Butter erwärmen. Dazugeben. Zusammmenfügen.
2. Zwei Bleche (pro Blech 25 Oblaten) mit Backpapier belegen. Für jede Oblate einen gehäuften Teelöffel Teig auf das Backpapier geben. Mit nassem Messer glattstreichen.
3. Oblaten im vorgeheizten Ofen bei 200 Grad auf mittlerem Einschub 15 Minuten backen.
4. Für den Überzug Schokolade, Sahne und Kirsch erwärmen. Glattrühren.
5. Die noch nicht ganz ausgekühlten Oblaten zu einem Drittel in die flüssige Schokolade tauchen. Während 12 Stunden auf einem Gitter trocknen lassen. Die Oblaten können in Blechdosen 2 Wochen aufbewahrt werden.

Buchweizenspritzgebäck

100 g weiche Butter
200 g Blütenhonig
1 Prise Meersalz
1 TL Vanillezucker *(Reformhaus)*
1 EL Weinsteinbackpulver
150 g Buchweizen, *fein gemahlen*
150 g Dinkel, fein gemahlen, *Kleie ausgesiebt*
50 ml/0,5 dl Wasser

1. Butter, Honig, Salz und Vanillezucker schaumig rühren. Restliche Zutaten darunterrühren.
2. Teig in einen Spritzbeutel mit großer Sterntülle füllen. Auf ein mit Backpapier belegtes Blech große Teigtupfer spritzen.
3. Buchweizengebäck im vorgeheizten Ofen bei 175 Grad auf mittlerem Einschub 12 bis 15 Minuten backen. Auf dem Blech erkalten lassen.

Maisringe

450 g Maismehl
50 g Dinkel, fein gemahlen, *Kleie ausgesiebt*
250 g weiche Butter
250 g Blütenhonig
½ unbehandelte Zitrone, *abgeriebene Schale*
1–2 EL Zitronensaft
2 EL kohlensäurehaltiges *Mineralwasser*
1 Prise Meersalz

1. Sämtliche Zutaten mischen. Zu einem geschmeidigen Teig rühren. 30 Minuten ruhen lassen.
2. Teig in einen Spritzbeutel mit glatter Tülle füllen. Auf ein mit Backpapier belegtes Blech gleichmäßig dicke Ringe spritzen.
3. Maisringe im vorgeheizten Ofen bei 180 Grad auf mittlerem Einschub ca. 12 Minuten backen. Auf dem Blech erkalten lassen.

Mailänderli

150 g weiche Butter
150 g Blütenhonig
1 Prise Meersalz
1 EL saure Sahne/Sauerrahm (35–40 % Fett)
1 unbehandelte Zitrone, abgeriebene Schale
300 g Dinkel, fein gemahlen, Kleie ausgesiebt
Glasur
1 EL Sahne/Rahm
½ TL Blütenhonig
1 Prise Safran (für die gelbe Farbe)

1. Butter, Honig, Salz und saure Sahne schaumig rühren. Abgeriebene Zitronenschale und Mehl dazugeben. Zu einem Teig zusammenfügen. 30 Minuten oder länger in Folie eingewickelt kühl stellen.

2. Teig zwischen zwei Klarsichtfolien 4 bis 7 mm dick ausrollen. Beliebige Formen ausstechen. Mailänderli mit der Sahne-Honig-Mischung einpinseln. 30 Minuten kühl stellen.

3. Mailänderli im vorgeheizten Ofen bei 180 Grad auf mittlerem Einschub 10 bis 15 Min. backen.

4. Variante: Für zweifarbiges Gebäck Butter-Honig-Masse halbieren. Eine Hälfte mit 20 g Kakao surfin mischen. Hellen und dunklen Teig separat zwischen zwei Klarsichtfolien 2 bis 3 mm dick ausrollen. Hellen Teig mit Wasser einpinseln. Dunklen Teig darauflegen. Mit Wasser einpinseln. Satt aufrollen. Scheiben von 4 bis 5 mm Dicke schneiden. Oder aus dem dunklen Teig eine Rolle von 4 mm Durchmesser formen. Hellen Teig zwischen zwei Klarsichtfolien 3 mm dick ausrollen. Mit Wasser einpinseln. Um die dunkle Rolle legen. Teigrolle in Scheiben von 4 bis 5 mm Dicke schneiden. Backzeit: s. Punkt 3.

Hirsespritzgebäck

100 g Hirse, fein gemahlen
150 g Dinkel, fein gemahlen
200 g weiche Butter
200 g Blütenhonig
1 TL Vanillepulver
1 Prise Meersalz

1. Butter, Honig, Vanillepulver und Salz schaumig rühren. Mehl darunterheben. Glattrühren.

2. Teig portionenweise in einen Spritzbeutel mit großer Sterntülle füllen. Auf ein mit Backpapier belegtes Blech große Teigtupfer spritzen.

3. Spritzgebäck im vorgeheizten Ofen bei 175 Grad auf mittlerem Einschub 13 bis 15 Minuten backen. Auf dem Blech erkalten lassen.

4. Variante: 125 g/1,25 dl Sahne/Rahm erhitzen. Pfanne von der Wärmequelle nehmen. 75 g zerbröckelte Bitterschokolade in der Sahne auflösen. Den Boden des noch nicht ganz ausgekühlten Spritzgebäcks in die Schokoladenglasur tauchen. Über Nacht auf einem Gitter trocknen lassen.

Haferflockenplätzchen

200 g flüssige Butter, ausgekühlt
160 g Blütenhonig
175 g feine Haferflocken
1 EL Vanillezucker (Reformhaus)
75 g Haselnüsse, gehackt
150 g Dinkel, fein gemahlen, Kleie ausgesiebt
1 Prise Meersalz
1 TL Weinsteinbackpulver
Schokoladeüberzug
50 g Bitterschokolade, fein gehackt

1. Sämtliche Zutaten zu einem Teig zusammenfügen. In Folie eingewickelt mindestens 2 Stunden kühl stellen.

2. Blech mit Backpapier belegen. Vom Teig mit einem Eßlöffel walnuß-/baumnußgroße Portionen abstechen. Kugeln formen und diese auf das Backpapier setzen. Mit dem Löffel leicht flachdrükken. Plätzchen im vorgeheizten Ofen bei 180 Grad auf mittlerem Einschub 12 bis 15 Minuten backen. Etwas auskühlen lassen.

3. Schokolade im Wasserbad schmelzen. Die flüssige Schokolade mit einer Gabel auf die noch leicht warmen Plätzchen auftragen. Gut trocknen lassen.

Abbildung rechts

Gefülltes Vierkorngebäck

je 75 g Weizen, Dinkel, Hirse und Hafer, fein gemahlen
175 g weiche Butter
200 g Blütenhonig
1 TL Vanillepulver oder abgeriebene Schale einer unbehandelten Zitrone
1 EL saure Sahne/Sauerrahm
1 EL Crème double/Doppelrahm
3 EL Wasser
1 TL Weinsteinbackpulver
1 Prise Meersalz
Füllung
80 g weiche Butter
80 g Erdnuß- oder Haselnußmus (Reformhaus)
½ TL Vanillepulver
2 TL Kakaopulver
80 g Akazienhonig

1. Butter, Honig, saure Sahne, Crème double und Vanillepulver schaumig rühren.
2. Mehl, Backpulver und Salz mischen. Abwechslungsweise mit dem Wasser unter die Butter-Honig-Mischung heben. Teig 10 Minuten ruhen lassen.
3. Teig portionenweise in einen Spritzbeutel mit großer Sterntülle füllen. Auf ein mit Backpapier belegtes Blech große Teigtupfer spritzen.
4. Vierkorngebäck im vorgeheizten Ofen bei 200 Grad auf mittlerem Einschub 10 Minuten backen. Auf dem Blech erkalten lassen.
5. Für die Füllung sämtliche Zutaten verrühren. Die Hälfte des ausgekühlten Gebäcks auf der Unterseite 2 bis 3 mm dick mit der Buttercreme bestreichen. Ein zweites Gebäck daraufkleben. Kühl aufbewahren.

Anisringe

250 g/2,5 dl saure Sahne/Sauerrahm (35–40 % Fett)
250 g Blütenhonig
1 Prise Meersalz
1 EL Kirsch
1½ EL Anissamen
200 g Dinkel, fein gemahlen
200 g Dinkel, fein gemahlen, Kleie ausgesiebt

1. Saure Sahne und Blütenhonig verquirlen. Restliche Zutaten dazugeben. Zu einem Teig verarbeiten.
2. Anisteig portionenweise in einen Spritzbeutel mit flacher großer Tülle füllen. Auf ein mit Backpapier belegtes Blech Ringe spritzen. Anisringe über Nacht trocknen lassen.
3. Getrocknete Anisringe im vorgeheizten Ofen bei 140 Grad auf unterem Einschub je nach Dicke der Ringe 25 bis 35 Minuten backen. Die Ofentür durch Einklemmen einer Holzkelle einen Spalt breit offen lassen.
4. Tip: Je kürzer die Backzeit, desto weicher die Kruste.

Ingwerleckerli

500 g Blütenhonig
130 g Baumnüsse/Walnüsse, gehackt
100 g Mandelstäbchen
2 gehäufte TL Lebkuchengewürz
1 gehäufter EL geriebene Ingwerwurzel
2 EL Kirsch
1 Prise Meersalz
2 gehäufte TL Weinsteinbackpulver
170 g Dinkel, fein gemahlen
230 g Dinkel, fein gemahlen, Kleie ausgesiebt
geschälte Mandeln, für die Garnitur
Glasur
1 EL Kirsch
1 EL Zitronensaft
2 EL Akazienhonig

1. Honig erwärmen. In eine Schüssel geben.
2. Ingwerwurzel in ein kleines Mulltuch/Bauwolltuch einschlagen und direkt in den Honig pressen (es wird nur der Saft verwendet).
3. Restliche Zutaten zum Honig geben. Zu einem Teig zusammenfügen. Teig noch warm auf einem mit Backpapier belegten Blech 3 bis 5 mm dick ausstreichen. Mit den Mandeln garnieren.
4. Leckerliteig im vorgeheizten Ofen bei 180 Grad auf mittlerem Einschub 15 bis 20 Minuten backen. Teigblatt sofort mit der Glasur einpinseln und in Vierecke schneiden.

Mandelkugeln

| 200 g Dinkel, fein gemahlen, Kleie ausgesiebt |
| 1 EL vollfettes Sojamehl |
| ½ TL Weinsteinbackpulver |
| 110 g Akazienhonig |
| 5 EL Sesamöl |
| 60 g weiche Butter |
| 1 Prise Salz |
| 60 g Mandelblättchen |
| 2 TL frische Ingwerwurzel, gerieben |
| 6 Tropfen Orangenöl |
| geschälte Mandeln, für die Garnitur |

1. Mehl, Backpulver, Honig, Öl, Butter und Salz von Hand zu einem Teig zusammenfügen. Restliche Zutaten unter den Teig kneten.
2. Aus dem Teig walnußgroße Kugeln formen. In jede Kugel eine Mandel drücken.
3. Mandelkugeln im vorgeheizten Ofen bei 180 Grad auf mittlerem Einschub 15 Minuten backen.

Schokoladekugeln

| 250 g weiche Butter |
| 120 g Blütenhonig |
| 125 g Dinkel, fein gemahlen |
| 125 g Dinkel, fein gemahlen, Kleie ausgesiebt |
| 1 TL Weinsteinbackpulver |
| 1 Prise Meersalz |
| 100 g Mandeln, gerieben |
| 30 g Kakao surfin |
| 1 EL Rum |
| geschälte Mandeln oder Haselnüsse, für die Garnitur |

1. Butter und Honig schaumig rühren. Übrige Zutaten unter die Butter-Honig-Mischung rühren. 2 Rollen von 3 cm Dicke formen. Rollen in Klarsichtfolie eingewickelt über Nacht kühl stellen.
2. Teigrollen in 1 cm dicke Scheiben schneiden. Kugeln formen. Eine Nuß in die Mitte drücken. Kugeln 10 Minuten kühl stellen.
3. Schokoladekugeln im vorgeheizten Ofen bei 180 Grad auf mittlerem Einschub 15 bis 20 Minuten backen. Auf dem Blech erkalten lassen.

Zitronenplätzchen

| 200 g Dinkel, fein gemahlen |
| 200 g Dinkel, fein gemahlen, Kleie ausgesiebt |
| 1 Prise Meersalz |
| 180 g Blütenhonig |
| 250 g weiche Butter |
| 1 große unbehandelte Zitrone oder 2 Limetten, abgeriebene Schale |
| 2 EL Kirsch oder Zitronensaft |
| Mischung aus Sahne/Rahm und Wasser, zum Einpinseln |
| **Schokoladeüberzug (nach Belieben)** |
| 50 g Bitterschokolade |
| 6 EL Sahne/Rahm |

1. Sämtliche Zutaten, außer der Butter, mischen. Butter portionenweise darunterarbeiten und zu einem Teig zusammenfügen. Butterteig in Klarsichtfolie eingewickelt über Nacht kühl stellen.
2. Arbeitsfläche mit gesiebtem Dinkelmehl bestäuben. Teig 3 bis 5 mm dick ausrollen. Beliebige Förmchen ausstechen. Plätzchen auf ein mit Backpapier belegtes Blech legen. Mit der Mischung aus Sahne und Wasser einpinseln.
3. Butterplätzchen im vorgeheizten Ofen bei 175 Grad auf mittlerem Einschub 12 bis 15 Minuten backen. Wenig auskühlen lassen.
4. Für den Schokoladeüberzug Schokolade im Wasserbad schmelzen. Sahne darunterrühren. Die noch nicht ganz ausgekühlten Plätzchen zur Hälfte mit der flüssigen Schokolade einpinseln. Auf einem Gitter erkalten lassen. Plätzchen vor dem Verzehr 2 Tage in einer Blechdose lagern.

Vanillekipferl

200 g weiche Butter
75 g Blütenhonig
1 Prise Meersalz
2 Beutel Vanillezucker (Reformhaus)
1 EL saure Sahne/Sauerrahm (35–40 % Fett)
1 EL vollfettes Sojamehl
2 EL Wasser
200 g Mandeln, gerieben
1 unbehandelte Zitrone, abgeriebene Schale
1 EL Zitronensaft
180 g Dinkel, fein gemahlen, Kleie ausgesiebt
100 g Bitterschokolade, zerbröckelt, für die Glasur

1. Sojamehl mit dem Wasser verrühren.
2. Butter, Honig, Salz und Vanillezucker schaumig rühren. Restliche Zutaten darunterrühren.
3. Arbeitsfläche mit gesiebtem Dinkelmehl bestäuben. Teig zu einer 3 cm dicken Rolle drehen. In Folie eingewickelt 30 Minuten kühl stellen.
3. Teigrolle in 1 cm dicke Scheiben schneiden. Aus jeder Scheibe auf bemehlter Arbeitsfläche (Mehl sieben) eine ca. 5 cm lange Rolle drehen, die beidseitig spitz ausläuft. Kipferl formen.

4. Kipferl auf ein mit Backpapier belegtes Blech legen. Im vorgeheizten Ofen bei 180 Grad auf mittlerem Einschub 15 bis 20 Minuten backen. Noch heiß mit Vanillezucker bestäuben. Nach 10 Minuten vom Blech nehmen und auf einem Gitter erkalten lassen.
5. Für die Glasur die Schokolade im Wasserbad schmelzen. Etwas abkühlen lassen. Vanillekipferl beidseitig in die Schokolade tauchen. Auf einem Gitter festwerden lassen.

Abbildung rechts unten

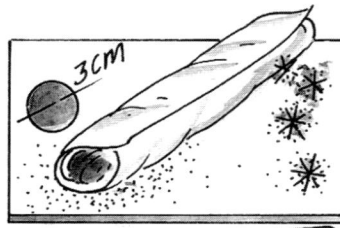

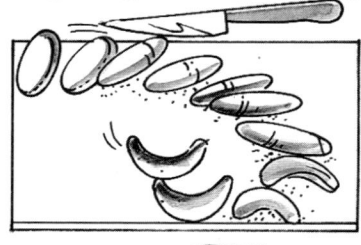

Spitzbuben

125 g Dinkel, fein gemahlen
125 g Dinkel, fein gemahlen, Kleie ausgesiebt
2 TL vollfettes Sojamehl
1 Prise Meersalz
200 g Mandeln, gerieben
200 g weiche Butter
3 EL Blütenhonig
1 TL abgeriebene Schale einer unbehandelten Zitrone
3 EL Rum
Marantamehl zum Bestäuben
Füllung
Himbeer- oder Johannisbeermarmelade oder -gelee

1. Butter und Honig schaumig rühren. Zitronenschale und Rum unter die Butter-Honig-Mischung rühren. Restliche Zutaten nach und nach darunterrühren. Teig in Folie eingewickelt mindestens 60 Minuten kühl stellen.
2. Arbeitsfläche mit gesiebtem Mehl bestäuben. Teig portionenweise 5 mm dick ausrollen. Rondellen von 4 cm Durchmesser ausstechen. Bei der Hälfte der Rondellen mit einem kleinen runden Ausstecher oder mit einem Fingerhut in der Mitte ein kleines Loch ausstechen. Teigrondellen auf ein mit Backpapier belegtes Blech legen.
3. Rondellen im vorgeheizten Ofen bei 175 Grad auf mittlerem Einschub 12 bis 15 Minuten backen. Auf dem Blech 5 Minuten auskühlen lassen.
4. Auf die Rondellen ohne Öffnung 1 TL Marmelade oder Gelee geben. Rondelle mit der runden Öffnung mit Marantamehl bestäuben und auf die Marmeladen-Rondellen setzen.

Abbildung rechts oben

Süße Eiswaffeln

150 g Dinkel, sehr fein gemahlen
100 g Dinkel, sehr fein gemahlen, Kleie ausgesiebt
50 g Quinoa, sehr fein gemahlen
100 g Blütenhonig
1 TL Weinsteinbackpulver
1 Prise Meersalz
1 EL Vanillezucker (Reformhaus)
2 unbehandelte Zitronen, abgeriebene Schale
3 EL saure Sahne/Sauerrahm (35–40 % Fett)
130 g flüssige Butter, ausgekühlt
ca. 100 ml/1 dl kohlensäurehaltiges Mineralwasser

1. Sämtliche Zutaten, außer dem Wasser, verrühren. Soviel Wasser dazugeben, daß man einen ziemlich festen Teig erhält. Teig 25 Minuten kühl stellen.
2. Mit dem Eßlöffel nußgroße Kugeln abstechen. Im Waffeleisen hellbraun backen. Waffeln auf einem Gitter erkalten lassen.
3. Tip: Heiße Waffeln um den Stiel eines Holzlöffels drehen. Auskühlen lassen.

Honigleckerli

500 g Blütenhonig
4 EL Kirsch
100 g Bitterschokolade
250 g Dinkel, fein gemahlen
250 g Dinkel, fein gemahlen, Kleie ausgesiebt
1 große Prise Meersalz
150 g Walnüsse/Baumnüsse, grob gehackt
100 g Orangeat-Zitronat-Mischung (Reformhaus)
1 TL Zimt
1 Msp Nelkenpulver
1/4 TL Hirschhornsalz, in wenig Wasser aufgelöst
verdünnter Akazienhonig, zum Einpinseln
Mandelblättchen, für die Garnitur

1. Honig und Kirsch erwärmen. Schokolade darin auflösen. Alle Zutaten dazugeben. Zu einem Teig zusammenfügen.
2. Teig halbieren. Jede Portion sofort auf einem mit Backpapier belegten Blech 5 mm dick ausrollen. Auf dem Blech über Nacht trocknen lassen.
3. Honigleckerli im vorgeheizten Ofen bei 200 Grad auf mittlerem Einschub ca. 15 Minuten backen. Noch heiß mit dem Akazienhonig einpinseln und den Mandelblättchen bestreuen. Sofort in Vierecke schneiden.

Nußstangen

75 g weiche Butter
200 g Blütenhonig
2 EL Sojamilch
1 Prise Meersalz
1/2 unbehandelte Zitrone, abgeriebene Schale
1 TL Lebkuchengewürz
50 g Haselnüsse, gerieben
200 g Haselnüsse, geröstet, grob gehackt
150 g Dinkel, fein gemahlen
100 g Dinkel, fein gemahlen, Kleie ausgesiebt

1. Butter und Honig schaumig rühren. Übrige Zutaten dazugeben. Zu einem festen Teig kneten. Der Teig soll eher trocken sein. Bei zu nassem Teig einen Eßlöffel gesiebtes Mehl einkneten. Teig in Folie eingewickelt 30 Minuten kühl stellen.
2. Arbeitsfläche mit gesiebtem Mehl bestäuben. Teig 1 cm dick ausrollen. Mit einem scharfen Messer Stangen von gut 1 cm Breite und 8 cm Länge schneiden. Nußstangen auf ein mit Backpapier belegtes Blech legen. Mit wenig Öl einpinseln.
3. Nußstangen im vorgeheizten Ofen bei 200 Grad auf mittlerem Einschub 15 bis 20 Minuten backen.

Zimtsterne

350 g Mandeln, ungeschält, gerieben
200 g Mandeln, geschält, gerieben
300 g Blütenhonig
½ EL Zimt
1 Msp Nelkenpulver
2 El Mandellikör oder Kirsch
10 g Agar-Agar-Pulver
8 EL Wasser
½ EL Vanillezucker (Reformhaus), zum Bestäuben
1 EL Marantamehl, zum Bestäuben

1. Agar-Agar und Wasser unter ständigem Rühren 2 Minuten köcheln lassen. Alle anderen Zutaten dazugeben. Zu einem Teig zusammenfügen. In Klarsichtfolie eingewickelt mindestens 60 Minuten kühl stellen.

2. Arbeitsfläche mit gesiebtem Dinkelmehl bestäuben. Teig 8 mm dick ausrollen. Sterne ausstechen und diese auf ein mit Backpapier belegtes Blech legen. Über Nacht trocknen lassen.

3. Zimtsterne im vorgeheizten Ofen bei 120 Grad 25 bis 30 Minuten trocknen lassen. Noch heiß mit der Mischung aus Vanillezucker und Marantamehl bestäuben.

4. Varianten: Geriebene ungeschälte Mandeln durch Haselnüsse ersetzen oder halb Haselnüsse und halb Mandeln. Für Zitronensterne Zimt durch abgeriebene Zitronenschale, Mandellikör durch Zitronensaft ersetzen.

Zimtplätzchen

150 g weiche Butter
150 g Blütenhonig
2 EL saure Sahne/Sauerrahm (35–40 % Fett)
1 Prise Meersalz
150 g Mandeln, gerieben
1 EL Zimt
1 EL Rum
100 g Dinkel, fein gemahlen
40 g Dinkel, fein gemahlen, Kleie ausgesiebt
1½ EL Vanillezucker (Reformhaus), zum Bestreuen
5 EL Mandelblättchen

1. Butter, Honig, saure Sahne und Salz schaumig rühren. Restliche Zutaten dazugeben. Zu einem Teig zusammenfügen.

2. Blechrücken mit einem Backpapier belegen. Den Teig auf dem Papier 5 mm dick zu einem Quadrat von ca. 35 cm Seitenlänge ausstreichen. Mit dem Vanillezucker und den Mandelblättchen bestreuen.

3. Zimtblatt im vorgeheizten Ofen bei 180 Grad auf mittlerem Einschub 20 Minuten backen. Noch heiß in Rhomben schneiden.

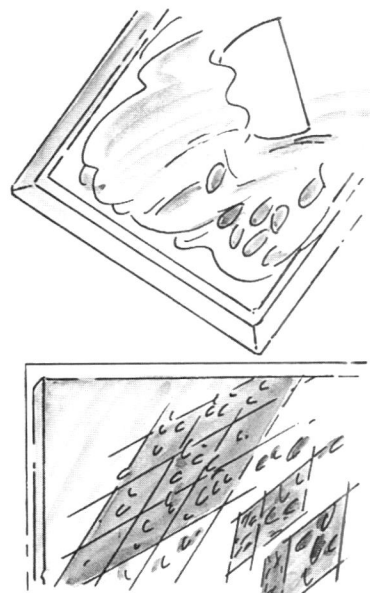

Mandelplätzchen

130 g weiche Butter
1 Prise Meersalz
130 g Blütenhonig
100 g Mandeln, gerieben
100 g Dinkel, fein gemahlen
100 g Dinkel, fein gemahlen, Kleie ausgesiebt
½ TL Vanillepulver
2 TL Weinsteinbackpulver
Sahne/Rahm-Wasser-Mischung, zum Einpinseln
Mandelstäbchen

1. Sämtliche Zutaten, außer der Butter, mischen. Butter dazugeben. Zu einem Teig zusammenfügen. Teig in Folie eingewickelt 15 Minuten kühl stellen.

2. Arbeitsfläche mit gesiebtem Mehl bestäuben. Teig 5 mm dick ausrollen. Mit einem runden Ausstecher von ca. 5 cm Durchmesser Rondellen ausstechen. Rondellen auf ein mit Backpapier belegtes Blech legen. Mit der Sahne-Wasser-Mischung einpinseln und den Mandelstäbchen belegen.

3. Mandelplätzchen im vorgeheizten Ofen bei 175 Grad auf mittlerem Einschub 15 Minuten backen. Auf dem Blech erkalten lassen. Plätzchen vor dem Verzehr 2 Tage in einer Blechdose lagern.

4. Variante: Mandeln durch andere Nüsse ersetzen.

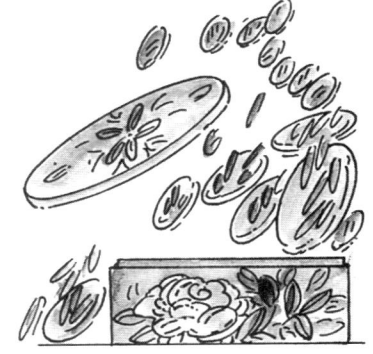

Lebkuchen mit Marzipanfüllung

250 g Dinkel, fein gemahlen
250 g Dinkel, fein gemahlen, Kleie ausgesiebt
1 große Prise Meersalz
2 EL Lebkuchengewürz
1 unbehandelte Orange, abgeriebene Schale
300 g Blütenhonig
100 g flüssige Butter
½ EL Triebsalz (Hirschhornsalz)
125 ml/1,25 dl Wasser
Gummiarabikum (Drogerie/ Reformhaus) oder Akazienhonig, für den Glanz
Füllung
450 g Mandeln, gerieben
25 g geschälte Bittermandeln, gerieben, oder einige Tropfen Bittermandelöl
150 ml/1,5 dl Rosenwasser
200 g Blütenhonig
1 Prise Meersalz

1. Für den Teig Triebsalz im Wasser auflösen. Sämtliche Zutaten zu einem glatten Teig rühren. Teig in Klarsichtfolie eingewickelt über Nacht oder länger ruhen lassen.
2. Für die Füllung die Zutaten mischen. Eventuell im Mixer pürieren, damit die Masse feiner wird. Mindestens 1 Stunde kühl stellen.
3. Teig 5 mm dick ausrollen. Herzen ausstechen. Marzipanfüllung auf die Hälfte der Herzen streichen, dabei einen Rand freilassen. Teigrand mit Wasser einpinseln. Zweites Herz darauflegen. Gut andrücken.
4. Lebkuchenherzen im vorgeheizten Ofen bei 180 Grad auf mittlerem Einschub je nach Größe 25 bis 30 Minuten backen. Die noch heißen Herzen mit dem im Wasser aufgelösten Gummi-

arabikum oder mit verdünntem Honig einpinseln.
5. Tip: Für die Füllung kann auch Honigmarzipan (ausrollen) aus dem Reformhaus verwendet werden.

Abbildung Seite 99

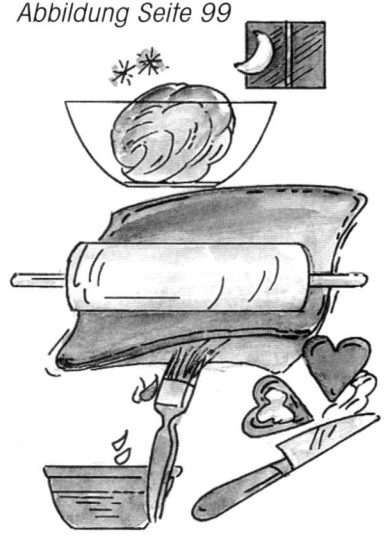

Lebkuchenschnecken

1 Portion Lebkuchenteig (rechte Spalte)
Füllung
250 g Mandeln, fein gerieben
3 Tropfen Bittermandelöl
2 EL Rosenwasser
150 g Blütenhonig
1 Prise Meersalz

1. Für die Mandelfüllung sämtliche Zutaten zu einer festen Paste verrühren.
2. Teig zu einem Rechteck von ca. 35 x 30 cm ausrollen. Füllung auf das Teigblatt streichen. Teigblatt von der Längsseite her aufrollen. In 1 cm breite Stücke schneiden.
3. Schnecken mit der Schnittfläche oben im vorgeheizten Ofen bei 180 Grad auf mittlerem Einschub 30 bis 35 Minuten backen. Noch heiß mit Gummiarabikum oder Honig einpinseln.

Lebkuchen

150 g Dinkel, fein gemahlen
150 g Dinkel, fein gemahlen, Kleie ausgesiebt
1 Prise Meersalz
1 TL Weinsteinbackpulver oder Hirschhornsalz
je ¼ TL Zimt, Nelkenpulver, Kardamom, Muskatnuß, Piment, Koriander, Zironenschale und Kakao
1 EL Wasser
200 g Blütenhonig
4 EL Sahne/Rahm
Gummiarabikum (Drogerie/ Reformhaus) oder Akazienhonig, für den Glanz

1. Gewürze und Treibmittel im Wasser auflösen.
2. Sämtliche Zutaten zu einem Teig rühren. Der Teig soll weich, aber nicht klebrig sein. Teig in Klarsichtfolie eingewickelt über Nacht kühl stellen.
3. Teig 5 mm dick ausrollen. Formen ausstechen oder Rechtecke, Quadrate oder Dreiecke schneiden. Mit geschälten Mandeln garnieren.
4. Lebkuchen im vorgeheizten Ofen bei 180 Grad auf mittlerem Einschub 10 bis 15 Minuten backen. Das noch heiße Gebäck mit Gummiarabikum (mit Wasser anrühren) oder Akazienhonig einpinseln. Das kalte Gebäck kann auch mit einer Schokoladeglasur (Seite 121) überzogen werden.

Abbildung Seite 99

Abbildung: Kleeblattbiskuit, Rezept Seite 68

Kuchen garnieren und füllen

Schokoüberzug: Honigschokolade (Reformhaus) zerbröckeln. Gut die Hälfte der Schokolade im heißen Wasserbad schmelzen. Von der Wärmequelle nehmen. Restliche Schokolade unter die flüssige Schokolade rühren. Eventuell mit wenig Kirsch oder Rum parfümieren. Flüssige Schokolade auf den erkalteten Kuchen gießen. Glasur rasch durch Bewegen des Kuchens gleichmäßig auf der Oberfläche verteilen. Wird der Kuchen noch garniert/verziert, läßt man die Schokoladeglasur leicht antrocknen. Die Glasur darf weder zu hart noch zu weich sein.

Garnituren:
– Kakao surfin
– wenig Schokoladestreusel oder -raspeln
– Kokosnußraspeln
– Walnuß-/Baumnußkerne
– geschälte, eventuell halbierte Mandeln
– grob gehackte Pistazien
– Krokant (Seite 122)
– Spritzgarnituren (S. 122).

Kuzuüberzug: 4 Eßlöffel Blütenhonig, 1 Eßlöffel Wasser, 2 Eßlöffel Kirsch oder Zitronensaft und 1 Teelöffel Kuzu 2 Minuten unter ständigem Rühren köcheln lassen. Für eine gelbe Glasur einen Beutel Safranpulver darunterrühren, für eine grüne Glasur mit einigen Tropfen Spinatsaft, für eine

rote Glasur mit einigen Tropfen Rote-Bete-Saft färben. Glasur leicht auskühlen lassen. Kuchenoberfläche und Rand mit der Glasur einpinseln.

Garnituren:
- frische, in dünne Scheiben oder Spalten geschnittene Früchte
- frische Beeren
- feinste Scheiben von Orangen oder Zitronen (samt Schale), im Honigsirup kurz pochiert. Nur die Hälfte der Glasur auf den Kuchen auftragen. Fruchtscheiben darauflegen. Mit der restlichen Glasur einpinseln.
- Marzipanfiguren (Reformhaus)
- kandierte Früchte (Reformhaus)
- Kokosnußraspeln
- Walnuß-/Baumnußhälften
- Sahne-/Rahmtupfer (können zuvor auf einem Teller tiefgefroren werden)
- Marantamehl und Vanillezucker (Reformhaus) zu gleichen Teilen mischen. Durch ein kleines Sieb direkt auf die Glasur stäuben. Für eine Zeichnung eine beliebige Schablone auf die Kuchenoberfläche (muß trocken sein) legen. Mit der Mischung bestäuben.
- fein geriebene Nüsse
- grob gehackte Pistazien
- Honigmarzipan (Reformhaus) mit Spinat- oder Rote-Bete-Saft färben. Mit

kleinen Ausstechern Figuren ausstechen.
- abgeriebene Zitronenschale

Marmeladeüberzug: Lauwarme Beerenmarmelade oder -gelee nach Belieben mit 100 g frischen pürierten Beeren mischen (wird weniger süß). Marmelade auf den Kuchen streichen.
Garnituren:
- frische Beeren
- frische, in dünne Scheiben oder Spalten geschnittene Früchte
- Früchte nach Belieben mit dem Fruchtsaftüberzug glasieren. Kuchen kühl stellen und vor dem Servieren mit Schlagsahne/-rahm garnieren.

Fruchtsaftüberzug (zum Glasieren von Früchten): 250 ml/2,5 dl Apfelsaft, 1 Eßlöffel Blütenhonig, 1 Prise Meersalz, 1 Teelöffel Agar-Agar-Pulver, nach Belieben 1 Prise Vanillepulver oder Zimt (je nach Fruchtsorte). Sämtliche Zutaten auf kleinem Feuer 2 Minuten köcheln lassen. Eßlöffelweise über die Früchte gießen.

Krokant: 200 g Blütenhonig, 100 g Butter, 200 g gehackte Nüsse oder Kerne (Haselnüsse, Mandeln, Kürbiskerne). Honig und Butter auf kleinem Feuer 10 bis 15 Minuten köcheln lassen. Nüsse beigeben. Masse auf einem Backpapier ausstrei-

chen. Erkalten lassen. Im Mixer zerkleinern. In einem Glas mit Schraubverschluß ist Krokant lange haltbar.

Spritzgarnitur: Aus Backpapier einen kleinen Spritzbeutel drehen. Papierspitze abschneiden. Je kleiner die Öffnung, desto dünner wird die Linie. Flüssige Schokolade (Schokolade schmelzen: siehe Schokoladeüberzug) sofort in die Papiertüte füllen. Zuerst die dünnen, dann die dicken Linien ziehen. Material zum Spritzen:
- Bitterschokolade
- weiße Schokolade

Kuchenrand garnieren: (Mandelblättchen oder -stäbchen, Krokant): Kuchen auf ein Backpapier legen. Mit der Kuzuglasur einpinseln. Mandelblättchen, -stäbchen oder Krokant auf dem Papier rund um den Kuchen verteilen. Papierunterlage anheben. Nüsse gut andrücken.

Füllung, Buttercreme: 150 g weiche Butter, 100 g Auslesehonig, 150 g Haselnuß-/Mandelmus, 1 Prise Salz, 150 g/1,5 dl Sahne/Rahm. Butter und Honig schaumig rühren. Nußmus und Salz dazugeben. Sahne tropfenweise (wie bei einer kaltgerührten Mayonnaise) unter die Creme rühren.

Abbildung: Blütenblattbiskuit mit Kuzuüberzug (Rezept Seite 68)

Füllung, Butter-Schokolade-Creme: Zutaten siehe Buttercreme. Zusätzlich 50 g Bitterschokolade. Schokolade im heißen Wasserbad schmelzen. Auskühlen lassen. Unter die schaumige Butter-Honig-Mischung rühren. Haselnuß-/Mandelmus und Salz dazugeben. Sahne tropfenweise (wie bei einer kaltgerührten Mayonnaise) unter die Creme rühren.

Füllung, Beeren: 400 g Beeren (Brombeeren, Himbeeren usw.), 250 g/2,5 dl Schlagsahne/-rahm, 30–50 g Akazienhonig, je nach Süße der Früchte, Himbeerlikör oder Kirsch (fakultativ, zum Parfümieren des Biskuits). Sahne mit dem Honig süßen. Mit den Beeren mischen.

Füllung, Schokoladecreme: 100 g Bitterschokolade, 2 Teelöffel Wasser oder Kirsch oder Cognac oder Rum. 200 g/2 dl Schlagsahne/-rahm, 1 EL Schokoladewürfelchen oder gehackte

Walnüsse/Baumnüsse. Zerbröckelte Schokolade zusammen mit der Flüssigkeit im heißen Wasserbad schmelzen. Auskühlen lassen. Schlagsahne und Schokoladewürfelchen oder Nüsse unter die flüssige Schokolade rühren.

Füllung, Sahne: *500 g/5 dl Schlagsahne/-rahm, 150 g fein geriebene Mandeln, 1 gehäufter Eßlöffel Akazienhonig, nach Belieben einige Tropfen Amarettolikör. Sämtliche Zutaten mischen.*

Füllung, Sahne-Mokka: *500 g/5 dl Schlagsahne/-rahm, 1 bis 3 Eßlöffel Kirsch, 3 Teelöffel Instant-Kaffee oder Instant-Getreidekaffee, 1 bis 2 gehäufte Eßlöffel Akazienhonig. Sämtliche Zutaten unter die Schlagsahne rühren.*

Füllung, Nüsse: *200 g/2 dl Schlagsahne/-rahm, 1–2 Eßlöffel Akazienhonig, 1 Teelöffel Vanillezucker, 3 Eßlöffel fein gehackte Nüsse. Sämtliche Zutaten mischen.*

Kuchen füllen: *Kuchen horizontal halbieren, indem man die Schnittstelle zuerst rundum mit einem spitzen Messer einritzt. Einen starken Faden anlegen und durch Bewegungen nach links und rechts das Biskuit durchtrennen.*

Von der gleichen Autorin sind
erschienen:

Die schnelle Neue Trennkost
problemlos kochen – gut essen –
schlank bleiben. Das bewährte
Kochbuch für jeden Tag. Über 200
schnelle, einfache Rezepte. Mit
Intensiv-Programm für eine Woche.
Farbiges Trennkost-Poster. 126
Seiten, 70 Farbbilder, Großformat.
Die Neue Trennkost italienisch
Für alle Fans der italienischen
Küche. 200 typische italienische
Alltagsrezepte. Farbiges Trennkost-
Poster. 126 Seiten, 60 Farbbilder,
Großformat.
Die Neue Trennkost asiatisch
150 Rezepte aus China, Japan,
Korea und Thailand für noch mehr
Abwechslung in der Neuen
Trennkost. 160 Seiten, 20
Farbbilder, Mittelformat.